JN101309

生体肝移植の記憶

——わがミレニアム——

見瀬和雄

東京図書出版

はじめに

私は二十年前（現時点では十九年前）に、生体肝移植手術を受けた。そこに至る過程、手術経験、術後の経験は、当然ながらすべて初めての経験であり、二十年経った今もほぼ鮮明に覚えている。勿論、こうした経験は私独自のものではない。胆道閉鎖症による肝硬変、B型肝炎・C型肝炎に起因する肝硬変や、アルコール性肝硬変、肝癌などによって、肝機能不全となり、移植手術を受けられた方は、全国の大きい病院や大学病院などに多数おられることと思う。また、生体肝移植に関する専門書や、レシピエント（臓器移植患者）、ドナー（臓器提供者）の方々の体験談も豊富に存在する。その中で私の経験のどこまでが一般的で、どこからが独自のものなのかは、簡単にはいえない。しかし、それらを総合的に見れば、私の経験は私の経験である。それを出版という形で社会化することにどれだけの意味があるのか、私には判断できない。これは、あくまでも私個人の備忘録である。

本書は、術後二十年近く経った今、改めて私個人の軌跡を振り返り、そこから何らかのヒントを得て、今後の生きる力にしていきたいと考えた、私のささやかな営みである。読者の方々は、どうか私のそうした思いをお酌み取りいただき、気楽な読み物としてお読みいただければ幸いである。ただ、この書が、今後臓器移植手術に臨まれる方にとって、いくらかでも参考になることがあるならば、それは望外の幸せである。

なお、副題で用いた「ミレニアム」には、単なる「千年紀」という意味以外の特別な意味は込められていない。「ノストラダムスの大予言」に関わって多くの書物が刊行され、マスコミを賑わせたが、そのようなこととは全く関わりなく、私の二十世紀末・二十一世紀初めに起こったことを述べようとするだけのものである。

また、以下の文中で、個人名をイニシャルで表記する場合は、姓・名の順で表記してある（見瀬和雄の場合、M・K）またアルファベット一字で表記したものは、姓のイニシャルである（見瀬をM）。

生体肝移植の記憶◇目次

第一章

肝硬変発症の前後

1　発　症

◆食道静脈瘤破裂

二〇〇〇（平成十二）年五月九日、私は、当時勤務していた富山工業高等専門学校を少し早めに退出し、金沢にある自宅に向かっていた。途中富山市頼成《らんじょう》にあるドライブインで休憩し、トイレで用足しした。その時、私の排泄したものが異様に黒いことに気づき、何か危険なものを感じて家路を急いだ。家に着くとすぐに近所の掛かり付けの医院に行き、診察してもらった。その医院の先生は、これはただごとではないから、大きな病院を受診した方がいいということであった。その時私がとっさに思いついたのは、かつて姉が勤務していた金沢社会保険病院（独立行政法人地域医療機能推進機構：金沢病院）であった。すでに夕刻が迫っていたが、私はその病院に行き、事情を話して受診させてもらった。

胃カメラ室に行き、胃カメラによる画像診察を受けた。担当医師は、T・N先生だった。モニターに映し出される濃いピンクの食道壁に、所々小さな赤い点が見られた。これが私の食道か、となにやら愛おしい気持ちになったが、私のそんな感傷をよそに、すぐ治療が行われた。その時説明された所見は、食道静脈瘤破裂による出血であり、再び出血の恐れがあるため、応急的に静脈瘤を結紮《けっさつ》する、ということであった。あとで調べたところ、静脈瘤の先端を吸引し、伸びた静脈瘤の根元をゴムで強く締め上げることにより、とりあえず出血を防ぐ治療であることを知った。

その日から入院加療ということになり、家に連絡して、妻に入院のための準備を届けてもらった。その後、妻と二人で担当医師の説明を受けた。それによると、私の肝臓は肝硬変を患っており、通常では静脈血が多く流れる肝臓に、もうほとんど血流がない状態になっている。そのため、静脈血は、肝臓に通っている門脈に流れず、他の血管を通って心臓に向かう。その中心は食道静脈であり、その圧力が強くなると、血管に無理がかかり、静脈瘤ができて、さらには破裂にいたり、その出血量が多ければ、死に至ることもあるという。食道で出血した血液が胃酸と化学反応して酸化鉄ができ、それによって便が黒色になるという。

この説明を受けて、なぜ黒色便が出たのか漸く理解できた。そして、私の肝臓が肝硬変により、機能不全に陥っていることを、まざまざと理解させられた。また、肝臓病の人が血を吐き、出血多量によって亡くなる、という話は、耳にしたことがあった。そして、自分がそうなってもおかしくないような病状であったことを改めて知らされたのである。

◆義父の死

この入院生活では、おなかに腹水が溜まり、ぱんぱんに張って苦しかったことが脳裏に焼き付いている。肝臓病の特効薬として知られた強力ネオミノファーゲンシーという薬を注射され、腹水は若干治まったが、そんな矢先、私が担任をもった富山高専の卒業生が、川北《かわきた》大橋近くの交差点で、通勤途上の自動車の衝突事故によって亡くなった、と同級生から知らされた。まだ二十歳の健康な若者が亡くなって、病気をいっぱい抱えた自分が生きていることに、不条理を感じ、明るく優しいその卒業生の顔が何度も脳裏に浮かんだ。

また、六月二十二日の午前中、妻が病室に来た。いきなり、私のベッドに突っ伏し、泣きながら、父が亡くなった、と言う。普段は気丈な妻であるが、考えてみれば、夫が入院し、家では長男・長女と姑と暮らしていて、何かと気の休まらない中で、突然の父親の訃報に見舞われ、緊張の糸が切れたのであろう。私は自分の病気ばかりに気をとられ、その時妻がどのような心持ちで生活していたのかを考える想像力がなくなっていた。

私は、体調が万全ではない中、義父の葬儀に出た。一族と知り合いの方々、私の家族が集まって、妻の実家で葬儀が行われた。読経の中、優しかった義父の一つ一つの思い出がよみがえり、私は涙にむせんだ。その上、さらに妻に大きな苦労をかけることを思うと、顔を上げて座っていることもつらかった。

その後、家で生活していたが、ある夜、胸の辺りがむずむずし、軽い吐き気があったため、トイレへ行ったところ、少し吐血してしまった。妻にそのことを話し、救急車を呼んだ。生まれて初めての救急車経験であった。救急隊員に、社会保険病院にお世話になっていることを告げてそちらに運んでもらった。T先生が待っていて下さり、早速胃カメラで検査したところ、やはり食道静脈瘤破裂による出血とわかり、すぐに静脈瘤結紮の治療が行われた。これによって再び入院生活が始まり、しばらく続いた。

2　発症直前の状況

◆学位の取得

私は、一九九八年十二月、『幕藩制市場と藩財政』という書を刊行した。この書をもって國學院大學に学位申請し、審査されることになった。同学で私の指導教員であったのは、『新井白石の研究』で有名な宮崎道生先生であった。

余談であるが、私には、お世話になった宮崎先生が三人いる。その最初が宮崎道生先生であった。大学院では思想史に関わる基礎的な勉強を積んだ。先生はよその大学から来た私に大きな期待をかけて下さった。他の二人の宮崎先生については順次触れていくことにする。私の論文審査のころには、すでに退職しておられ、審査は、大谷貞夫先生（日本近世史）が担当された。

副査には、上田和雄先生（日本近代史）と、金沢大学で私の修士論文を指導してくださった恩師高澤裕一先生（日本近世史）が当たられた。これは、大谷先生の温かいご配慮であり、深く感謝している。審査期間は一年間で、一九九九年度末、すなわち二〇〇〇年早々に審査結果が教授会にかけられ、合格の判定をいただいた。そして、五月中旬に学位記授与式が行われるという通知が届いた。学位記授与式出席のための出張予定も組み、今や遅しと待ちわびている最中、病気入院となり、私は大谷先生に授与式に出席できない事情を電話でお伝えした。

◆住宅新築

一方、私は三月、金沢市内に家を新築した。娘がピアノを習っており、将来音楽大学に進学することを目標に、練習に励んでいた。それまで住んでいた家は、一階に六畳と八畳の部屋、それにダイニングキッチンがあり、二階には六畳が二部屋と四畳半の部屋が一部屋あり、ここに私たち夫婦と子供二人、それに私の母の五人が暮らしていた。５ＤＫということになるが、それぞれに一部屋配して、一階の八畳には、私の書斎と娘のアップライトピアノが同居し、娘のピアノ練習の環境としてはどうしても狭かった。また、娘の技量が向上するにつれ、グランドピアノで練習したいという希望が強くなったため、私たち夫婦は一念発起し、家の新築に踏み切ったのである。その建築作業が始まったのは、一九九九年の十月ころだったかと思うが、それが完成したのも、二〇〇〇年三月のことであった。引っ越し作業に追われ、慌ただしい毎日だったが、新しい家に住めるという喜びはひとしおであった。娘には、二階に防音室の練習部屋とグランドピアノを提供し、練習環境を整えた。そして、娘は金沢市内のピアニストの個人レッスンを受け始めた。

このように、私のミレニアムは、一般的に見れば幸福そのものであった。世間では、世紀末に不吉なことが起こる、という「ノストラダムスの大予言」に踊らされ、マスコミも頻りにそれをおもしろがってあおっていた。しかし、その幸福感の代償は私個人にとってはあまりに大きいものであった。それは、先にも述べた五月九日の肝硬変発症という大事であった。

3　移植手術に至る経緯

◆生体肝移植手術の可能性

金沢社会保険病院に入院したのち、暫く治療が行われた。胃カメラ検査を再度受け、また大腸検査も受けた。そして、総合的な診断が下されたが、それは厳しいものであった。私の余命はこのままで行けばあと一年余りであるという。肝臓がほとんど機能しておらず、このの ち何度も食道静脈瘤破裂で一年余りも持たない可能性もあるとのことであった。私は病院の中庭で、妻にこのことを話し、さすがに涙が出た。これを聞いた妻の驚きは私以上であったに違いない。こんな筈ではなかったとも思ったであろう。妻の希望を打ち砕いた私は、そのことによっても胸が痛んだ。このあと、妻と一緒に改めて担当医師から説明を受けたが、話の内容は同じであった。ただ一つ、治療の方法がないわけではない、とも聞いた。その方法とは、そのころ技術が向上し、脚光を浴びつつあった生体部分肝移植手術ということであった。

このころアメリカでは、亡くなった人の肝臓を、時間をおかずに肝臓病患者に移植すれば、治癒の見込みがある、ということで、肝移植手術がかなりの件数実施されていた。しかし、日本では、亡くなった方から臓器の提供を受けるということには、無言の禁忌意識があり、実際の例は極めて少なく、このような表現が許されるなら、いつやってくるかも知れない手術の機会をただただ待たねばならないのが現実であった。そして待つ間に病状が重篤化し、亡くなる方も多かった。私もその話を聞いて現実には難しいことだと思った。ただ、今少し聞いていくうちに、希望が全くないわけではないことを知らされた。それが、徐々に症例の増えている生体肝移植手術であった。

私は、可能ならば生体肝移植手術を受けたいがどうすればいいでしょう、と担当医師に相談した。担当医師のT・N先生は、金沢大学医学部出身の方で、金沢大学附属病院で手術が可能かどうかを打診し、依頼状を書いて下さった。当時、金沢大学附属病院の内科教室で肝臓病を担当しておられたのは小林健一教授（のちに病院長に就任された）であった。

小林先生の診察は、その後随分時間が空いて、二〇〇一年二月のことであった。おそらく病院側では、基本的に受け入れるべきかどうかの審査をしていたのではないかと思われる。あとで知ったことであるが、金沢大学病院では、すでに生体肝移植手術を実施して成功していた。生体肝移植の手術は、小児の胆道閉鎖症に対して最初に行われた。金沢大学でも、最初の症例は小児であったと聞いた。二例目の方も独身の若い女性であったと聞いているが、同じように胆道閉鎖症の方であったかも知れない。

二〇〇〇年当時、私は四十八歳であり、C型肝炎ウィルスによる肝硬変での受診であり、金沢大学では初めての症例であったのだろう。しかも、C型肝炎からの肝硬変の場合、移植後も肝炎が再発することは目に見えており、肝硬変を発症する可能性も大きく、手術の順位は低かった。おそらく、ここら当たりが中心となった議論がなされ、内科の受診も遅れたものと思われる。小林先生の受診の結果、手術の対象患者として内科で受け入れることになり、早速入院した。

小林先生の受診後、私はこれで一般社会としばらくお別れだなと思い、病院からの帰りの車で、そのことを妻に話し、いっしょに何かおいしいものを食べて帰ろうと決め、帰り道途上の老舗の料亭に行き、昼食を摂ろうとした。しかし、運悪く、もうすでにランチタイムは終わっており、僅かな楽しみはかなえられなかった。

◆娘のカナダホームステイ

この年（二〇〇一年）の金沢は大雪で、私のいない我が家では、雪かきが大変だったという。また、そういう天候の時、私の上の姉の嫁ぎ先の義父が亡くなった。大雪の中で、妻は葬儀会場まで車で赴き、運転するのが大変であったと言っていた。

私が長期入院で治療に励んでいる間、私の職場である富山工業高等専門学校では、私の欠を補って事務に当たり、また時々学校の情報や書類をもって見舞いに来てくれた方がいる。その方は宮崎真矢先生といい、哲学の先生であった。私がお世話を受けた宮崎先生の二人目である。この方は、温和で優しく、学生の面倒見も良く、学生相談室の長として学生の日常生活を支えていた。

また、二〇〇〇年度末、娘が中学校のＡＬＴ（Assistant Language Teacher：外国語指導助手）の先生と一緒にカナダに渡航し、ホームステイをすると言い出した。私も妻も、まだ十五歳の娘が、たとえＡＬＴの先生と一緒であっても、外国でホームステイをすることを認めるべきか、随分迷った。しかも、そのＡＬＴの先生は、直前になって、婚約者の都合で同行できなくなった、といった。これには娘も随分落胆したことであろう。しかし、娘には、英語にいくらか自信があった。

金沢市では、英語学習の優秀者を表彰する「宮村賞（宮村英語奨励賞）」という賞があり、娘はそれを受賞していた。何としても行きたい、と強く主張したのである。

私たち夫婦は、娘がここまで主張するからには、認めないわけに行かないと思い、渡航費用、滞在費用と小遣いを工面し、様々な準備を進めた。二〇〇一年の夏休み、娘は意気揚々と一人でカナダを目指し、旅立っていった。高校一年の娘が、何が待ち受けているかわからないカナダへと一人でよく渡航したものだと、親ながら感心した。このころ私は、手術を終えて外科病棟で加療生活を送っていた。娘から何か便りはないか、そればかりを心待ちにし、絵はがきが来て妻から渡されると、食い入るように眺め、読んでいた。人からの便りをこれほど渇望して毎日を過ごしたのは、これが初めてであった。

私は時折娘を恨めしく思った。親が懸命に闘病生活をしているのに、ホームステイのためカナダへ行き、たまにしか便りをよこさない、薄情な娘だ、と思ったのである。しかし、これは病人の僻事《ひがごと》であることも十分承知していた。そして、この気持ちは自分の胸の中にしまって堅く封印した。こんなことを言われれば娘の楽しいホームステイ経験の思い出を台無しにする。わかっていて送り出したのだから、最後までそれを貫かねばならない。子供はいつか親の下を離れていく。またそうでなければ困る。そんなあれこれの思いが交錯する日々であった。

娘のこの時の経験は、彼女の人生にとってかけがえのないものになったと思う。一人でカナダに渡航したこと、現地では、英語でコミュニケーションをとりながら、ステイ先の家族と楽しく過ごすことができたこと、滞在先はトロントであったが、ステイ先の家族とケベックシティに旅したこと、同市はカナダで最も古い都市で、フランス人が入植して作った町であり、古い建築物が沢山あり、ヨーロッパの文化に触れることができたこと。娘は高校を卒業したあと大学に進学し、フランス史を専攻した。大学院に進学し、その後、フランスに留学して、先ごろ帰国し、大学に就職した。勿論そこにはさまざまな苦難もあったであろうが、それを乗り越えての就職である。高校一年のカナダでのホームステイ経験が、娘のそうした進路の原動力の一つになっていると思うのである。

第二章

肝炎の発症

1　十二指腸潰瘍穿孔

◆法学科の授業

これまで、肝硬変発症の経緯について述べてきたが、では、そもそも私はどうして肝硬変を患うことになったのであろうか。これには、学生時代の手痛い失敗がある。

私は、もともと金沢大学法文学部法学科に入学した。一九七一年四月のことである。当時は、大学の創設年代によって入学試験の時期ごとに一期校と二期校の二つに分かれ、金沢大学は一期校としてそれなりに高いレベルをもっていた。そこで学べば、法曹になれるかも知れないと思い、入学したのである。

大学では、教養部が一年半あり、それを終えて専門に上がるのであるが、私は、一方で以前からやりたかった卓球部に属し、多くの時間を練習に費やした。授業はすべて大教室で先生が一方的に講義する形式であり、おもしろいと思ったことはほとんどなかった。のちに高専に勤めて自分で講義を担当するようになって、教師にとっては大教室で講義するという形式はある意味でやりやすく、逆に学生と討論しながら講義するというのは難しいものであることを自ら感じたが、私としては自ら主体的に勉強するきっかけがなかなかつかめず、ずるずる日常を過ごしたのである。今日では、ゼミ形式の授業を一学年から設定し、学生の意欲を喚起する形を大きく取り入れているが、当時は大学の中にそうした問題意識はなかったように思う。

◆父の死

一九七二年九月十日、九日までの卓球部合宿を終えて朝下宿に帰った私に、下宿のおばさんが「見瀬さん、お父さんが大変だからすぐ珠洲に帰るように、お姉さんから電話があったよ」と告げてくれた。実はこの時、すでに父は亡くなっており、おばさんもそれを知っておられたと後になって思ったが、亡くなったと告げれば驚くだろうとおばさんは気遣ってくれたのだと思う。

父の会社（呉服・洋品販売）の同僚の方が珠洲市から車で迎えに来てくれた。当時はまだ道路が整備されておらず、珠洲から金沢までは四時間くらいかかった。早朝に珠洲を出て、私と姉二人を乗せて折り返し帰るという強行軍であったが、それを果たして下さった方には大変申し訳なかったと感謝の念に堪えない。

姉から、父は仕入れの出張の途上、鶫川辺のカーブで、金沢方面から来た車に正面衝突され、即死したと聞かされ、なんとも表現のしようがない気持ちに襲われた。私たちの帰省を手伝って下さった方は、途中事故現場を徐行して下さり、「ここが事故現場です。お父さんの車は相手のスピードに負けて田んぼに落ち、ハンドルによって胸部を強く圧迫されて亡くなられました」と教えて下さった。九月九日は五節句の最後「重陽」で、嘉日として祝われてきたが、私にとっては父の命日である。

◆史学科への転学科

その後、単位数ぎりぎりで専門に上がり、法学科の授業に出た。テーマは専門の刑法や民法の授業であったが、教養部時代に勉強を怠っていた自分には今一つなじめなかった。ここでも最初の科目は大教室で、教授たちは口角泡を飛ばして熱心に講義していたが、教養部で法学概論を聞いただけで、専門書を読むということもしなかった付けがここに来て、内容が理解できなかったというのも事実であった。一方で、父が亡くなったあと保険会社との交渉も私が担当しており、普通なら余計に法学に目覚めてもよかったのであるが、そのようなことはなかった。

逆に、今振り返って考えると、大学に入って最初に買った本は、歴史学研究会・日本史研究会共編『講座日本史』(全一〇巻、一九七一年)であった。自分では明確な意識のないままに、歴史に興味を持っていたのであろう。その中の論文をいくつか読んで興味を喚起されたことが新鮮であった。

それでも二年後期は法学科の授業に出たが、徐々に日本史を勉強したいという気持ちが膨らんでいった。そして、三年前期(一九七三年)はついに法学科の授業に出ず、下宿に引きこもった。ここから半年間、私の引きこもり生活が続いたが、私は法学科から史学科に転学科を希望し、史学科教授の井上鋭夫先生の下に相談に行った。井上先生は、教養部時代の日本史概説を担当された先生で、存じ上げていたのである。先生は、動機など色々お聞きになり、事務と相談する、と言って下さった。私はその回答が気になって、井上先生の下に何度も聞きに行ったが、先生は忙しいさなか何度もきて仕事の邪魔をする私をたしなめられた。その上で、私の入学試験の結果が哲・史・文学科（入学試験の受験区分）の最低点よりも上であれば、転学科は可能であると告げられた。通常入学試験の点数は公開されていなかったが、調査の結果、私の点数は哲・史・文の最低点より六点多いことから、転学科が可能であることになったのである。

私が、法学科の学友たちに、史学科に転学科すると告げると、皆一様に、「おまえは馬鹿だ。ここを卒業すれば就職にあぶれることはないが、史学科だと就職するのは大変だぞ」と言った。これは確かに常識であり、生きていくという点では基本的な考え方であった。しかし、私の頭の中には、就職という言葉にリアリティはなかった。

◆下の姉との共同生活

　この年の秋、上の姉が結婚した。私には姉が二人いるが、二人とも視覚障害者であった。上の姉にはまだ幾分視力があり、弱視程度であったが、下の姉は全盲である。姉たちは小学校低学年から金沢の石川県立盲学校で勉強し、卒業した時点で、二人で一緒に住んでいた。上の姉の結婚と同時に下の姉の生活をどう支えるかが問題になり、私が一緒に住むことになった。新しく2K・バストイレ付きのアパートを借り、食事は私が準備し、洗濯は姉がするという取り決めで新しい生活が始まった。姉は二〇〇メートルほど離れた病院の物療科に勤務していた。そのころの視覚障害者の職業教育は、鍼灸マッサージを中心に行われ、それ以外の職業は学校教育の段階からほぼ閉ざされていた。姉はこの職業は本意でなかったが、とりあえず生活のため我慢して勤めていた。私は当初は病院の送り迎えも担当していた。そのため、朝夕と決まった時間に送り迎えした。また、食事も三食（弁当も含めて）を作った。料理の本を買ってきて色々ためしたが、しばしば不興を買うことも多かった。

下の姉との共同生活が始まる前の一九七三年前半、私は、暫く下宿に引きこもっていた。その間、私は主に社会の中で理不尽な扱いを受けている人々に関する本を読んでいた。本は私の知らない世界を紹介してくれ、私の目を色々と開いてくれた。被差別部落で医療活動にあたった女医と部落の様子に関する話、九州の炭鉱で働く労働者男女に関するルポルタージュ、在日コリアンの話などであった。特に、在日コリアンがどのように発生したのかについて、日本近代の対外拡張政策によって、朝鮮半島が日本の植民地になったことにより、日本に仕事を求めてきた人たちもいるが、強制連行され、鉱山労働を強いられたり、工場労働に使われたりし、関東大震災の折にはコリアンが暴動を起こすというデマによって、多くのコリアンが殺害された、といった常識では考えられないことが現実に起こっていたことを知った。もともと読書の習慣のない私は、これらの本を読むことによって少し読書に耐えられるようになっていた。そして、自分は日本近代史を勉強しようという思いが転学科への意欲を強めたのである。父の死がなければ、このようなことを知らず、考えもせず、学生時代を終えたかも知れない。そう考えると、父の死は、いつしか知らず私が自分の進路を主体的に決める大きなきっかけになっていたことに気づかされる。

◆激しい腹痛と手術

年が明けて一九七四年二月のある日の早朝、私は部屋で丸山眞男『日本政治思想史研究』（東京大学出版会、一九五二年）を読んでいた。この本は色々な論文で名前を見た本で、自分でも読んでみようと思ったのである。実際には何が書いてあるのかさっぱり理解できなかったが、その時突然腹部に強烈な痛みを感じた。腹筋が硬直して息もできないくらいであった。少し治まった瞬時をとらえて姉に告げ、タクシーを呼んでもらって、姉の勤める病院に赴いた。

同病院で医師の診察を受けたが、痛みの原因を特定するに至らず、暫く安静にしていた。しかし、いっこうに治まる気配がなかったため、近くの外科医院に移って診察を受けたところ、十二指腸潰瘍穿孔であると告げられた。すぐに大きい病院に行って診察を受けろといわれ、タクシーで石川県立中央病院に赴いた。ここでの診察では、緊急手術が必要であると言われ、午後四時ころから緊急手術が行われた。手術室で麻酔のマスクを当てられ、頭の中で大きな渦の中に吸い込まれるような感覚のあと、意識がなくなったようである。

蘇生したのは、夜中の二時ころであった。胃の三分の二と十二指腸が切除されたという。この時、右脇腹に三本刺されたドレーンから出血していることに気付き、看護師に告げると、状態が医師に告げられ、血圧を測定すると二〇〇以上あった。再度緊急手術が行われ、相当量出血していたことから、輸血が行われた。翌日の何時ころかは覚えていないが、目が覚めると、私の中学校の同級生が看護師になっていて、病室にいた。手術は成功したと告げられ、ホッとした。なぜ出血したのか。原因については病院側から説明された記憶がない。今考えて最も可能性が高いのは、縫合した部分の糸がほどけた事態である。これがなければ、輸血の必要はなく、従って肝炎を患うこともなかったかも知れない。そう思うと悔やまれるのであるが、当時は問題視することもなく、そのまま通り過ぎた。

術後三週間ほどして退院し、その後通院した。担当医師によると、輸血すると、よく肝炎になる、ということで、その観察を行うための通院であった。まだこのころは、肝炎の正体はわかっておらず、一般的な肝炎の治療が行われ、その後通院もなくなった。

2　学生生活

◆尊敬する先輩たち

こうした病気やアルバイトなどによる勉強不足で、卒業論文の準備が決定的に遅れ、私は、転学科の時の一年遅れに加えて、ここでもう一年遅れることになった。すなわち私は、学部生活を六年間過ごして漸く大学を卒業することができたのである。途中、肝機能の指標であるＧＯＴ・ＧＰＴ（ＡＳＴ・ＡＬＴ）の数値が高くなり、県立中央病院に入院した。

その時同じ病室に在日コリアンの方がおられた。その方は話し好きで、あまり詳しくは覚えていないが、確か戦前に日本に来て終戦を迎えたこと、戦後は帰国せず、貧困の中で、古物の回収業を行って生活したこと、ある時、鶏を一羽手に入れたので、それを下処理したあと丸ごと茹でて食べ大変おいしかったことなどを話してくれた。本で読んだ在日コリアンの戦前・戦後が事実として目の前で語られ、笑って聞きながらも、ひそかに衝撃を受けたことを覚えている。

大学では、国史専攻に近代史の先生はおられず、しかも、研究室に入って三カ月ほどのち、一九七四年一月二十五日に井上先生が亡くなられた。教員の補充は行われず、近世史担当の高澤裕一先生がお一人で学生の指導に当たられた。日本史演習は別名「高澤ゼミ」と呼ばれ、古代・中世・近代を学ぶ学生も皆このゼミに参加した。ゼミでは、近世史の論文を前もって決めて、担当者がその紹介をするというものであった。ゼミ全体のリーダーシップは勿論近世史専攻の学生が担った。その中でも出色だったのは、Ｆ・Ｍ氏とＫ・Ｍ氏であった。Ｆ・Ｍ氏は、個々の研究者の問題関心がどこにあるのかを重視し、論文を深く読み込む人だった。また、Ｋ・Ｍ氏は非常に理知的で、論理的思考能力に優れ、論文の構成などを実に巧みにつかみ、ゼミの論議をリードする人だった。そして内に優しい心を持ち、最初研究室に今一つなじめない私に声をかけてくれた人である。私はそうしたK・M氏に一歩でも近づきたいと思い、いつしかその端正な文字までまねするようになった。F・M氏は一歳上、K・M氏は同年であったが、私の人生のかけがえのない「教師」であった。

日本近代史を専攻しようと考えていた当初の目的は、ゼミの運営を担う中で近世史に関心が移ったこともあって、遠のいていった。近代史専門の先生がおられないこともあったが、どの時代を専攻しても、人を対象とする限りにおいては同じではないかと思うようになったことも大きい。

◆修士論文の作成

その後は、肝炎が静かに進行していたのであろうが、肝臓が「沈黙の臓器」と呼ばれるように、自覚症状はなく、肝炎のことは私の頭の中から消えていた。卒論のテーマもはっきりし、農村の古文書調査を行って、それを使って卒業論文を書いた。実際に自分の調査で得てきた史料を使って研究するということの楽しさを満喫した。

教員試験に落ちていた私は、卒業論文のままの勢いで大学院に入った。私が尊敬して学ぶ対象にしていた先輩たちも多く大学院に入っていた。そこで私は先輩たちの研究への情熱、現実社会を見る目の鋭さに大いに触発された。大学院からは、授業料が年間三万六千円に増額されていた。文部省では、「受益者負担論」なる考えが進められ、教育を個人の利益という狭い範囲の問題と位置づけていた。実際には、教育を受けたものが身につけた知識と技術は社会に還元され、社会の進歩と発展に寄与するものであり、国家的な事業であるという考えがなくなっていた。私たちは、国会議員を介して、質問主意書によって、奨学金の増額を実現すべく、運動した。

専門では、大名が百姓から収納した年貢米がどのように運用されて貨幣を前提とした藩財政に結びつくのか、という問題を加賀藩を例に研究した。卒論とテーマを変えたこともあって修論の仕上がりは結果的に一年遅れ、私は学部に六年、大学院に三年と、大学に計九年間も籍を置いたことになる。

◆妻との出会いと大学院博士課程への転進

学部生のころから、私は同じ研究室に所属する妻とつきあっていた。妻は私の二歳下で、富山県城端町出身であった。城端は、近世から金沢との関係が深く、文化的には金沢文化圏に入っていた。彼女は芯が強く、自分の考えをしっかりもった素朴でまじめな学生であった。女子学生同士で群れて行動することは嫌っていた。そうした妻に私はどこか共通するものを見出し、徐々に個人的な話をし合うようになった。

私が二年遅れたために、卒業は同じ一九七七年三月になった。彼女も教員試験に落ち、四月から富山県立福野高校平分校（五ヶ山）に講師（非常勤）として赴任することになった。お互い手紙のやりとりをし、日々の喜びや悩みを教えあった。明確に口にしたことはなかったが、お互いに生涯の伴侶とする気持ちでいた。

ある時、私が小さい合唱団で練習をしている時、彼女も会場に来ていたが、終わると同時に一人で帰った。団の仲間が何かあったかも知れないから追いかけたら、と言ってくれ、すぐに追いかけて、喫茶店で話を聞いた。その話とは、埼玉県の教員採用試験に合格したけどどうしよう、というものであった。私という存在がなければ迷うことはなかったと思うが、私と遠く離れることに一抹の不安を感じたのであろう。私は、せっかく合格したのだから、埼玉に行って教師生活を始めるのがいいのではないか、と答えた。

妻は埼玉県戸田市喜沢中学校の社会科教師になった。一方私は、大学院生生活に入って研究していた。彼女を追いかけるように、埼玉県の高校教員の試験を受けたが、二次の面接・小論文で落ちた。仕方なく、恩師高澤先生に相談したところ、当時石川工業高等専門学校の浅香年木先生に相談したそうで、浅香先生のお世話のお陰で、そのころ丁度始まった石川県立図書館の『加能史料』編纂事業の事務嘱託に採用されることになった。そこでの上司であった東四柳史明氏は、その後の私に多大なありがたい影響を与えて下さった。現在の私は、東四柳史明氏が導いて下さった道筋を忠実に歩んでいるのである。二十歳の時、交通事故で父を失った私にとっては、大変心強い先輩であり、人生の教師であった。私は身の上を氏に語ったが、付き合っている女性が埼玉県で教師をしていると知ると、私の人生を大きく左右する提言を下さった。それは、彼女と結婚し、大学院でもっと勉強したらいいのではないか、というものであった。大学院博士課程への進学などその当時の私には全く思いつかない発想であり、目を見開かされる思いであった。

氏は、御自分の母校國學院大学の恩師小川信先生に相談され、大学院の様子などを聞き、私の大学院聴講生としての受け入れ体制を整えてくれた。國學院大学大学院への道と結婚を同時に追求できたのは、東四柳氏の篤いお世話のお陰である。一年間聴講生として通い、試験に合格して、私は國學院大学大学院文学研究科日本史専攻博士後期課程に入学した。また、生計の途についても準備して下さった。神奈川県史編纂室で史料目録の作成に当たり、幾ばくかの賃金をもらえるようになった。また現在國學院大学教授である根岸茂夫先生を紹介され、根岸先生が関わっておられた、埼玉県新座市の市史編纂事業にも参加させてもらった。調査員であったが、市史通史編の執筆をもさせていただいた。これまで関東農村のことは全く勉強したことがなかったが、板橋宿から川越までを結ぶ川越街道に関わる調査・執筆を担当し、交通史という自分にとって新たな分野の勉強は非常に新鮮であった。

このような準備の上に、私たちは、一九八一（昭和五十六）年三月二十一日、恩師高澤先生ご夫妻の媒酌を得て結婚式を挙げた。式の進行次第は、当時私が属していた女性史サークルの仲間たちが引き受けてくれ、万事手作りで行った。九州に新婚旅行に行ったあと、私は文字通り身一つで浦和の妻のアパートに転がり込んだ。

このころ、國學院大学大学院の近世史担当は、『新井白石の研究』で有名は宮崎道生先生であった。先生は、謹厳という語を具体化したらこのようになるだろうと思われるような方だった。いわば、新井白石を現代によみがえらせたような、学問研究と学生指導に厳しい方であった。私は、入学時に書いた研究計画に従って論文を書き、単位修得満期退学という形で三年間の課程を終えた。三年間の授業料は私の収入ではいかんともしがたく、妻に出してもらった。当時私の収入は、奨学金と塾講師の収入、埼玉県新座市史編纂の調査手当、知り合いから回してもらった古文書解読の筆耕料などで、逆立ちしても中学校教師の妻の収入には追いつけなかった。情けない話であるが、妻のボーナス支給を私は妻以上に喜んだのではないだろうか。せめてもの務めとして、私は姉との生活の中で身につけた調理の技術で、夕食はほぼ私が作った。

その後は、大学院特別研究員という肩書きを与えられ（ただし無給）、大学とつながりを持ちながら、東京都調布市の社会教育指導員（非常勤）となり、調布市史編纂の仕事に携わった。ここでは、北原進先生（立正大学名誉教授）のお世話になった。S・T氏やS・Tu氏とともに調査員として活動し、調布市史通史編の執筆も担当させてもらった。北原先生は、私に懇意にして下さり、朝日カルチャーセンターで古文書教室の講師をしないかとお声をかけて下さった。せっかくのお誘いであったにもかかわらず、私は尻込みしてお断りしてしまった。気後れしたのと、まだ人に古文書を教える自信がなかったことによる。お声をかけて下さった北原先生には、大変申し訳ないことをしてしまったと、今では悔やんでいる。

調布市史では、『調布市史　中巻（近世）』の第3章「近世社会の展開と農民生活」を書かせていただいた。約一五〇ページを、できばえはともかく、自分でもよく書いたものだと思う。この執筆の途上で、富山高専の就職が決まり、一九八七（昭和六十二）年一月一日付の辞令で、富山高専講師となった。三カ月間授業の準備をせよ、という指示があったが、授業そのものはなかったことを幸いに、私は準備と並行して

『調布市史』の原稿を完成させた。この『調布市史』の叙述は、その後、第二学年の「歴史」の授業を行う上で大いに役立った。

3　結婚と就職

◆結婚生活

私たちの新居は、埼玉県浦和市別所にある2DKのアパートだった。妻は最初戸田市で1Kのアパートに住んでいたが、私と結婚し、私が埼玉に来ることから、浦和市に新たに住まいを確保してくれた。私は文字通り身一つでそこに転がり込んだようなものであった。

結婚して二年目、長男が生まれた。すでに私は三十歳になっていたが、大学院在学中であり、いかにして論文を書くか、いかにして生活費を得るか、いかにして研究職に就くか、といったことに必死であった。日中子供の面倒は見れないので、乳児保育園に預けた。毎朝、チャイルドシートを付けた自転車に子供を乗せて保育園に通った。ある時少し前に降った雪が凍り付いた道を自転車で保育園に行く途中、氷の筋に自転車を乗り上げて、転倒してしまった。幸い子供にも私にもけがはなかったが、今でも思い出すとぞっとする。

その後、マンション売り出しの広告をみて、北浦和駅に比較的近い所にあるマンションを購入した。私はこのまま関東に居続けるつもりでいた。そのため、ただアパートの賃貸料を払い続けるよりは、いくらかでも資産になればと妻と相談して決めたのである。新居に移って暫くしてから長女が生まれた。まだ就職もしていないにもかかわらず、二児の父親になった。長男が通った新たな保育園と、以前に利用した乳児保育園が近かったので、私は娘をおんぶひもでおんぶし、長男をチャイルドシートにのせて、毎朝保育園に通った。私は、大学や調布に行く時は子供の迎えができないので、その時は妻が迎えに行った。毎晩子供を夜九時に寝かしつけると、それからが私の勉強時間であった。論文や調布市史の原稿作成に忙しく、子供に寂しい思いをさせたことと思う。

その翌年、私が浦和に行ってから六年目の秋、恩師の高澤先生から、富山工業高等専門学校講師の口があると紹介された。それと間を置かず、大学院の非常勤講師としてきておられた中田易直先生が、北陸のある短大で講師を探しており、希望するなら紹介すると私に紹介して下さった。中田先生は、近世初期の対外関係史研究の大家で、宮崎先生の東京大学時代の後輩であった。皮肉な話であるが、求めてもなかなか得られない研究職の道が二つ同時に示されたのである。どちらか一つであれば、私は否応もなく、それに飛びついたことであろう。私は悩みに悩んだ。私は率直に高澤先生に事情を打ち明け、悩んでいることを話した。先生は、決して自分の立場から結論を押しつけることはなく、両方の学校の特色を話され、私に判断を委ねられた。どちらにしても、浦和からは遠く離れており、転居はやむを得ないことであったが、私は先に恩師から紹介されたこと、他の弟子に紹介すれば受けるであろう富山高専を、他ならぬ私に紹介してくれたこと、私の研究のフィールドは加賀藩領域であり、富山は加賀藩領に含まれ、今後の研究に資するであろうことなどから、富山高専の話を受けることにし、中田先生には申し訳ないことであったが、その旨を伝え、御礼を述べ、お詫びした。

◆富山高専講師

先にも触れたが、一九八七（昭和六十二）年一月一日の辞令をもって、私は富山高専講師となった。三十三歳の末であった。妻に聞くと、中学校教師を辞めて富山に行くということであり、私はとりあえず三カ月間姉のマンションに間借りして、富山での住まいを探した。そして職場から少し離れた所に一軒の借家を借りる契約を結んだ。3Kの家であった。

妻は、富山市教育委員会に申請して、最初は大沢野小学校の講師（非常勤）をしていた。富山県の教員採用試験を受けたが、合格はかなわなかった。試験科目の中に、妻の最も苦手とする水泳があり、プールに通って練習したが、本番でもあまり上手に泳げなかったのである。その後妻は試験をあきらめて非常勤講師を続けた。長女がまだ幼かったため、私の母が郷里で一人暮らししていることもあって、富山に来てもらった。以後、亡くなるまで、私たちと一緒に生活した。しかし、今になって私は後悔している。母は、珠洲市にいれば、広い家で自由に暮らし、近所の惣菜屋の手伝いをして、笑いの中で日々を過ごせたはずなのに、私たちと住んだばかりに、そうした自由と近所づきあいの楽しさを奪われてしまったのではないかと思う。

浦和のマンションについては、いつまでもローンを払い続けることができず、手放すことにした。当時世間はバブル経済のまっただ中にあり、東京を中心にかなり浮かれた世相が地方にも伝わってきたが、経済に疎い私たちは、不動産屋に売却依頼をし、早く売り先が決まってほしいとばかり考えていた。機を見るに敏なある住宅メーカーが、おそらくバブル経済で不動産価格が値上がりすることを見込んで、もう少し値下げしたら買ってもいい、と条件を示して名乗りを上げた。私たちはすぐそれに乗り、いくらか値引きして売却した。不動産の売買は現金で、という原則があるらしく、売買契約締結の場に現金を持ち込み、千数百万円の現金をボンと眼前に山積みした。そして数えろという。私は甘い人間なのだろうが、一千万円の紐で結んだブロックを、ひもを解いて数える気には到底ならなかった。残る数百万円も同様である。契約成立後、それらの現金はすべて借入金の返済に充てた。最初に銀行に行き、一千万円、残る数百万円は、新宿の高層ビル群に社屋がある金融会社への返済である。私は、不動産屋の社員に付き添われ、数百万円を鞄に入れて同社へ行き、返済手続きを終えた。道案内もあったろうが、私が現金をもって逃亡するのを防ぐ意味の方が大きかったように思う。しかし、これは貧乏人のひがみからきた意識かもしれない。こうして無事返済は終わったが、まだ残債があり、その返済のために、その後も支出を余儀なくされた。

富山市には三年住んだが、金沢市史の編纂事業が始まり、私も委員の一人になることから、私は金沢に移住する決意をした。それには、単に金沢市史編纂だけでなく、下の姉が金沢で一人暮らしをし、あるテレビ放送局の電話交換手をしていて、何かの時に力になれるということもあった。

私は、一九八九（平成二）年三月、金沢市法光寺町で中古住宅を購入して引っ越した。ここから富山高専を退職するまで、私は自家用車で通勤した。通勤手当はガソリン代にほぼ相当したが、一般道を走ると、遅れた道路整備のために二時間くらいかかり、時間が惜しいという感にさいなまれた。それでも暫くがまんして走ったが、急ぎの時など高速道路を使用する頻度が高くなっていき、ついには毎日利用するようになった。

姉は、私が埼玉に赴いてまもなく、大阪の視覚障害者用の訓練施設に入所し、単独歩行訓練や職業訓練を受け、金沢に帰って放送局の交換手に採用されたのである。視覚障害者のハンディーを意地で跳ね返し、社会の中でしっかりした地歩を固め、自力でマンションを購入した努力は何に例えたらいいであろうか。姉はいつも私のことを気遣ってくれた。私は、週に一度、食料品の買い出しに付き添い、またデパートで買い物をする時も付き添った。

4　高専教師

◆初めての教師生活

私の中では、肝炎に罹ったことがあるという記憶は薄れる一方であった。高専の教師として飛び跳ねていたといってもいい状況であった。最初は、これで給料をもらって研究ができると思ったが、この意識は徐々に消えていき、教育というものの重みが強く感じられるようになっていった。高専に就職して三年後に助教授に昇任し、給料も少し増えてうれしかった。

就職してすぐ、野球部の部長になった。高専の野球部は、三年生までは高校野球、四、五年は大学野球に属し、両方の世話をするのは大変だった。私は自身も中学校の三年間野球部に属していたので、決して嫌いではなかったが、マネージメントは得意ではなかった。監督の手伝いとして、外野ノックを行った。硬球を遠くまで飛ばすのにはよほどしっかりした筋力が必要であったが、長らく運動から遠ざかっていた私では、なかなかうまくいかず、遠くへ飛んだなと思った球も、学生たちに言わせれば、途中で減速して、実際の試合ではなかなかないようなフライになった。

そうした中で、私と同じ年に富山高専に入学した野球部員が九人いた。少年野球時代からバッテリーを組んでいたピッチャー・キャッチャーは球筋がよく、また他の選手も守備力があって、野球が好きで、守備・バッティングともにいい選手がそろっていた。彼らが二年生の時、富山県の秋の新人大会でベストエイトに入り、翌年夏の大会では、ベストエイトをかけて臨んだ試合の相手は富山商業であり、惜しくも敗れた。

しかし、四年生になって、高専大会では東海・北陸の代表校に勝ち残り、旭川市のスタルヒン球場で開かれた全国大会では、都城高専に接戦の末勝って全国優勝を遂げた。富山高専としては初めての快挙であった。翌年も全国大会に出場して優勝し、連覇を達成した。彼らはその後、大企業に就職し、また、地域の野球チームに属して野球を楽しんでいることであろう。この全国大会二連覇で培った自信はきっとどこかで活かされていることと思うと、私も幾分か誇らしい。

この高専教師生活の中で、肝を冷やすような出来事が何度かあった。一つは、立山登山の時に発生した。このころ富山高専では、二年生になると七月下旬の立山登山が恒例の行事になっていた。私も担任をしていたことから一緒に登った。私としても初めての登山であった。

初日は、弥陀ヶ原を散策して天狗平山荘に宿泊した。その夜、私のクラスの学生が腹痛を訴えた。そこで私は、同行している看護師に学生を見せ、相談したが、その学生は、バレーボール部員で、普段から厳しい練習に耐えており、また我々に迷惑をかけると思ったのか、大丈夫だと言って、そのまま寝た。翌朝、様子を聞いたが、大丈夫だと言うので、そのままバスで室堂まで上り、まず最初は「一の越」という、雄山と浄土山の分岐点の小屋まで登った。「一の越」に着くと、先の腹痛を訴えた学生が、再び腹痛を訴えた。もうこれ以上は耐えられない、という。本来なら私は彼とそこに止まり、下山すべきであったかも知れないが、初めての立山登山であり、雄山まで行ってみたい、という欲に駆られて、私は彼に、雄山まで本隊と一緒に登り、真砂岳まで縦走する本隊と分かれてすぐ戻ると言い残して、ともかく登った。時間的には一時間弱であったが、引き返して、室堂まで下り、さらにその下の雷鳥沢で本隊と合流することになっていたので、彼にそこまで行けるか確認して、雷鳥沢まで下りた。そこで昼食をとり休んでいたが、本隊はなかなか下りてこない。しばらくして合流したので、看護師に状況を話した。では室堂まで帰ろうということになり、自力では登れない彼を、同級生たちが代わる代わるおんぶして室堂まで引き返した。この時の同級生たちの頑張りはめざましいものがあり、私は彼らに感謝した。室堂に着くと、彼の腹痛はさらに痛みを増し、ただの腹痛ではないということになり、急ぎ下山する必要があるということになった。幸いにも幸い、丁度その時富山市の救急車が山岳事故への対応訓練のため室堂に来ていることがわかり、急遽病院まで移送してくれることになった。

あとで家族から学校に入った連絡によると、彼は虫垂炎に罹り、対応が遅れたために腹膜炎を併発していた、ということであった。かつて、自分が十二指腸潰瘍穿孔になった時には、もっと激しい腹痛であったことから、その経験にのみとらわれ、事態を冷静に考えることができなかったために、そこまで悪化したのだと思う。担任として十分な対応ができなかった。今でもその不明を恥じている。もう四十九歳になったであろう虫垂炎を患った彼やその同級生たちは、日本の産業界の中軸や幹部を担って、また妻子を得、家庭を営んで、活躍していることと思う。

もう一つの事件は、女子寮宿直の時である。教授に昇任すると、女子寮の宿直が廻ってくる。富山高専の学生は、富山県下のみならず、岐阜県や新潟県、石川県から来る学生もいた。当時富山高専には、機械工学科・電気工学科・物質工学科・金属工学科の四学科があり、学生寮は不可欠の施設であった。女子学生は全体として少なかったが、四棟あるうちの一棟は女子寮であった。

夜九時の点呼が終わり、宿直室でテレビを見ていたところ、ある男子学生が、同室の学生が腹痛を訴えている、と報告してきた。私は急いで男子寮に行き、その学生の様子を見て、すぐ、自分の車に乗せて救急医療センターに移送した。そこで医師の診察を受けたが、医師は、とりあえず痛み止めの薬を処方するから、翌日には必ず大きい病院で受診するように、と言って我々を帰した。私はそのことを寮務日誌に書き、翌朝、寮務主事に報告した。寮務主事はそれを承けて当該学生を大きい病院に連れて行き、受診させた。そこでの診断は、十二指腸潰瘍穿孔である、とのことだった。何と、それは私がかつて煩ったのと同じ病気であった。彼の最初の腹痛の様子は見ておらず、聞いても痛いとしか言わなかったのと、救急医療センターの当直医師が緊急性を言わなかったことも要因であるが、それにしてもかつて自分が煩ったのと同じ病気であったとは、なんという皮肉であろうか。ここでも私は、自分の不明を恥じた。幸い、緊急手術によって病気は回復し、その後は元気に卒業していった。

どちらも、最終的には命に関わるところまで行かなかったが、一歩間違えれば命に関わるすれすれのところまで行っていたかと思うと、肝を冷やした。

◆教育と研究

一方、授業の方はどうだったかといえば、工学系の学生であるから、歴史を学ぶのは、これが最後だろうと思い、新たな研究成果を交えて、興味を喚起するような授業になるように心がけた。高専の学生は、それぞれの中学校で比較的優秀な生徒が進学してくるので、打てば響く、という感じで、授業中かなり質問してくる学生もいて、そのやりとりの中で授業を進めるのは楽しかった。また、社会に出て、歴史のことはわからないということがないように、基本的な用語はしっかり覚えさせた。まさに、身についた教養というものにしておきたかった。これについては検証することは難しいが、自覚しなくとも、さまざまな思考の過程にそうした教養が活きていることを信じていた。

もちろん研究についても頑張ったと思う。就職した一九八七年から、肝硬変が発症する直前の一九九九年までの論文・著書（共著が多いが）を数えると、四十六項目ある。年平均三・五編で、勿論長短様々である。その中には、先に紹介した学位請求論文の著書（一九九八年）も含まれる。とりわけ、一九九五年と一九九九年にはそれぞれ九編あり、集中して論文・著書などを執筆した時期であったことを物語っている。肝硬変発症の二〇〇〇年へと向かって、研究の勢いが増していたことになり、それがどこか負担になっていたのかも知れない。自分としてはよく頑張った方だと思う。

学位請求論文『幕藩制市場と藩財政』を書いている時、私は一方で電気工学科の担任を務めていた。このクラスは全体に優秀な学生たちであった。学習面で優秀なだけでなく、心根の優しい学生が多かった。

ある時、島林朋代と米澤久恵が二人で憤懣やるかたないといった表情で私の研究室に来た。どうしたんだと聞くと、クラスでみんなで話をしている時、たまたま最近起こった、中学一年生が同級生や上級生からいじめを受け、マットの中に押し込まれて窒息死させられたとされる事件について議論になった。クラスの何人かがいじめられる方にも責任がある、と主張したことに対して、いじめる方が第一に悪いと反論したが、なかなか受け入れられず、私のところにきてそれを訴えたのである。私は、自分の考えとして、いじめる方が何より悪い、いじめられるものの立場に自分をおいて考えれば結論は明白だろう、と言った。その後の議論については聞いていないが、このように他のもののことを我がことのように考え、感じられる学生がいることに、私は頼もしさを感じ、誇りに思った。

クラスの中に、大沢野中学校からきた六人の学生がいた。妻がかつて非常勤で勤務していた小学校で教えた子供たちもいた。この学生たちは特に優秀であった。このうち二人は東京大学に編入し、そのうちの一人は現在東京大学の准教授になっている。もう一人は有名な玩具会社に就職し、ゲーム界の先端を走る人になった。他の四人のうちの三人も大学に編入し、現在大きな企業の技術職員として活躍している。一人は高専卒業後すぐに有名コンピュータ会社に就職し、これまた第一線で活躍している。その他多士済々、挙げると切りがないので止めるが、ただ忘れられないのは、私の論文執筆を応援してくれた二人である。安井由美と島林朋代である。よく私の研究室に来て談笑し、私の気分をほぐしてくれた。論文執筆に、がんばれ、がんばれといつも声援を送ってくれた。何を手伝ってくれるというわけではないが、私が彼女らから力を得たことは間違いないことである。私は何も返せないので、彼女らの名前を著書のあとがきに記して、感謝の気持ちを表した。そして、刊行された時、それぞれにプレゼントした。内容を読んですぐに理解できるものではないだろうが、高専時代のモニュメントの一つになったと勝手に思っている。

5　C型肝炎

◆C型肝炎罹患判明

高専教師として勤める中で、定期健康診断が行われるが、ある時、その結果、肝臓の数値が高いといわれた。知られるようにAST（GOT）・ALT（GPT）・γGDPの数値が肝炎判別の指標である。中でもALTは肝臓にしか含まれない酵素の血中濃度を数値化したものであり、肝炎診断の有力な指標である。私の場合、基準値を大幅に超えており、医師の診察が必要であった。

私は日常的な通院を考えて、職場に近い病院で診察を受けた。診察の結果、私の肝炎の原因は、C型肝炎ウィルスの感染によるものであった。このウィルスは、激しい症状を呈しないが、肝炎が慢性化し、二十～三十年後に肝硬変へと進行し、さらには肝癌へと進行する性質があった。一九八九年に初めてそのウィルスが確定されたが、それまでは非A非B型肝炎と呼ばれ、その姿はつかめなかったのである。感染の仕方は、基本的にキャリアの血液・体液と健常者の血液・体液が直接的に接触することによる。

当時、C型肝炎の治療として、インターフェロンというものがあると何かで知っていたが、治癒率は二十〜三十%で、副作用があるということで、この病院では経過観察という判断だった。私は、自分で調べるでもなく、病院の判断に従って通院を続けた。その間、腸閉塞になり、この病院に一週間入院したこともある。この時はただただ苦しく、おしりにブスコパンという痛み止めを何本か打った。この腸閉塞が何に由来するのかは全くわからない。対症療法のみで終わった気がする。

その後も、沈黙の臓器よろしく、私は何の自覚症状もないままに、高専の本務と論文執筆に没頭していた。そして通院し始めてから三年目であったろうか、AST・ALTの数値が下がり始めたのである。私は、症状が治まり始めたのかと思った。無知とは怖いものである。あとで考えると、壊れるべき肝臓の正常細胞が少なくなっており、もう肝硬変がかなり進行していたことの表れだったのである。

ではそもそも私はなぜ肝炎になったのか。これについては勿論科学的に検証された訳ではないが、前にも述べたように、私がかつて二十一歳の終わりころ、十二指腸潰瘍穿孔によって手術を受けた際、術後にドレーンから出血が確認され、再手術を行った時に受けた輸血がもっとも大きな原因と考えられる。その時、手術に当たった外科医の、輸血をするとそのあとによく肝炎になる、という言葉が今も耳に残っている。

先にも触れたように、この肝炎はまだその病原が確定できていなかったが、一九八九年に漸く明確に把握されるようになった。その時期は、私が高専教師として本務や諸会議、部活動指導に追われ、また一方で金沢市史の調査に忙しい時期であった。関心がなければ、いかなる情報も耳に入ってはこない。自分の体内で重大な事態が進行していることに気付かず、また医師の診断は重要な示唆であったにもかかわらず、調べようともしなかった。無知からくる無頓着。これが、私がC型肝炎から肝硬変へと重篤な状態に陥っていく最大の要因であったように思う。

第三章　手術待機

1　内科入院

◆長男とドナー

話を戻そう。二〇〇一年の二月に金沢大学附属病院内科に入院した私は、近くおとずれる手術に向けて、心の整理を付けつつ、色々なことに励んだ。

さまざまな検査を受けながら、心を悩ませたのは、誰がドナーになってくれるか、であった。生体肝移植手術は、あくまでも自発的な意思を持ったドナーでなければ、認められないことになっていた。私は、長男に相談した。長男は、どんな苦難が待ち受けているか予想しながらも、応じてくれた。しかし、当時十八歳であったことから、病院の倫理委員会は、それを認めなかった。一方で、妻が申し出てくれた。その時妻は私に、どうして私に言ってくれないのか、とやや非難めいた口調でいった。それは彼女の私に対する愛情の表現であり、私は妻を愛おしく思った。妻の適合性が審査されたが、幸い適合するという結果を得た。血液型が二人ともA型と一致したのが大きな要因である。私たちはひとまず安堵し、次のステップを待った。

パソコンの古いファイルの中に、このころ長男郁に宛てた書簡が残っていたので、掲載しておきたい。

二〇〇〇年十二月十六日付　郁宛書簡

拝啓
郁、毎日の仕事、大変だね。休みなくよく我慢できるな、と父さんは感心しています。もともと骨のある君だから、当然といえばそうかもしれないが、やはり、大変なものは大変だ。その上で、さらに先のことを考え、現実的に将来を構想している話を聞いて、父さんはとてもうれしかった。頼もしく感じた。社会の中で何かを教わる場を「学校」というとすれば、今の仕事や環境が君の「学校」なんだと思った。

中学校や高等学校の時、学校を休んだり、遅刻したりする君を見て、父さんは少なからず動揺していた。その理由も聞かずに学校に行くように強要したことは、今にしてみれば思慮のない対応だったと反省している。もっとも、聞いてもいわなかっただろうが……。父さんは君の心の中にどのような変化があったのか、やはり理解できなかった。たぶんいやなことがあったのだろう。また、父さんが、妹をいろんな場面でかばったことも、君にはおもしろくなかったかもしれない。郁は活発で、それが高じて、時として行き過ぎることがあるため、父さんは、君が、自分よりも弱いものを守りいたわる心を育ててほしいと思っていた。しかし、そんなことは、ことばで言われて分かるものではないな。父さんは君たち兄妹に対して、ちょっと口出ししすぎたのかもしれない。兄妹げんかする中で、自然に育っていく心だったのだろう。そんな中で、自然と君の心の中には、親や大人への反発や、束縛されることへの反発が強くなっていったのではないか。

君もいつか親になるときが来るだろう。そのときは、自分の経験を思い起こして、のんびりと子育てしてほしい。親の価値観を押しつけることなく、笑って子供を見ているような、そんなのがいいのではないか。

ところで、この前はわざわざ病院に来てくれてありがとう。また、父さんの願いを承諾してくれてありがとう。父さんは本当にうれしかった。君には大きな負担をかけることになるかもしれないが、うまくいけば、父さんの細胞によってできた君の細胞が、父さんの体内に形を変えて戻ってくることになる。父さんはこの細胞を大切に使いながら生涯を過ごしたいと思う。

ただ一つ、明子おばさんが父さんに肝臓を提供していいと申し出てくれた。君はまだ十八歳だが、移植手術の際、倫理委員会で成人に達していないことを理由に許可されないことがあるかもしれない。その場合、道は二つ。一つは、君が二十歳になるのを待つか。この場合、父さんの体がそれまで持つか、という問題がある。持ちそうにない場合の道は、明子おばさんから移植するか。この場合は、許可が下りる可能性は高く、すぐに手術に取りかかれる。もちろん、二人ともドナーとして適していることが前提だ。このように考えてくると、どちらにお願いするかは、五分五分といったところかもしれない。こんな状況だが、君が承諾してくれた心は、十分に父さんの肝臓の中に蓄蔵されている。

（中略）

暮れいっぱい仕事だろうが、寒い中での仕事は危険が付き物だ。けがのないように気をつけてください。

では。また暇があったら顔を出してください。敬具

十二月十六日　　　　　　　　　　父

郁　様

◆ベッド上での刊行準備

その間私は、手術が成功しない場合も考えられることから、自分の生きた証しを今一つ残して置きたい、という衝動に駆られ、病室にノートパソコンを持ち込んで、これまで論文や自治体史の通史編などで書いた文章を一つにまとめようと考えた。十分

な勉強もしないのに、大それたことを考えたものだと今では汗顔の至りであるが、加賀藩関係の文章を集めて編集する作業に取りかかった。それまでに、加賀藩のキリシタン禁制についてや白山争論について書いた論文と、前田利家や前田利長に触れて書いた自治体史の原稿などを集め、論文は一般の方々が読みやすいように通史風に書き改めて、その原稿を、北國新聞社出版局のF・H氏に委託した。F・H氏は、私の大学の後輩で、東京の出版社で本の編集に従事したあと、金沢に帰り、北國新聞社に入社された。出版社では、私の文章は専門家向けであり、一般の方々向けの書としてはいかがなものかというクレームもあったようであるが、F・H氏は上司の説得に力を尽くされ、出版の道が開かれた。出版された時、その書は『利家・利長・利常―前田三代の人と政治―』（二〇〇二年、北國新聞社）という書名が与えられた。

◆さまざまな患者との出会い

私の入っていた病室は大部屋で、ベッドが全部で八床あった。この大部屋にはさまざまな方がおられた。某市の職員を定年退職され、在職時代は花柳界に出入りし、大いにもてたこと、今目を付けている女性がおり、チャンスを窺っていることなどを大きな声で吹聴される方がおられた。私は聞くに堪えず、ついにその方に、「〇〇さん、晩節を汚されない方がいいんじゃないですか」と言ってしまった。

また、当時開発されてきたC型肝炎に対するインターフェロンの治療のために福井県から来た、という方もおられた。このころはまだ二日に一回の割合で注射するという段階であったが、治癒率三十%ほどといわれ、注射後は暫くだるそうな表情をしておられたが、それでも家族のため、と覚悟を決め、治療に励んでおられた。私と同じ年ごろの方であったが、今どうしておられるだろうか。

さらに、前後するが、当時から世界的に有名な心臓外科医で金沢大学教授の渡邊剛先生の手術を受けた、という方もおられた。胸の中心にある胸骨を切り裂いて、心臓冠動脈の移植手術を受けたのだという。太股の内側の静脈血管を切り取り、移植したのだという。術後胸骨はつながったが、肋骨周囲に水が溜まり、それを抜くために内科に転科したと言っておられた。その他にも沢山の方々が入退院していかれ、私は随分長くいた患者であったと思う。

2　外科への転科

◆外科病棟での様々な出会い

内科病棟にどれだけいたか、今は記憶にないが、その後外科病棟に移り、新たな病室生活が始まった。

その間、病棟の休憩室で、私は色々な方々と知り合いになったが、その中によくテレビを見ておられる年配の男性がいた。私が金沢大学を出て、今富山工業高専で教師をしていると告げると、その方は、確か富山県小矢部市出身で、金沢大学医学部を卒業し同附属病院の消化器外科医を務めていたと話され、看護師に聞いたところ、退官するまでは病院長を務めていた宮崎逸夫先生であるとのことだった。宮崎先生は、学生時代の話や外科医になってからの話などを気さくにお話しになった。私は宮崎先生に、自分の病状を話し、生体肝移植手術を受ける予定であることを告げた。先生は、近年の外科医術の進歩を多方面から話されたが、最近金沢大学でも症例があったことを話された。

宮崎先生の周りには、他の病室の患者も自然に集まり、世間話に花が咲き、毎日が楽しかった。ある時、清水康一先生（のちに私の執刀医を務めた外科医師）が宮崎先生の御見舞いに来られた。その時先生は私を病室に呼び、私の氏素性と病状を語り、生体肝移植手術待ちであることを告げ、力を尽くしてほしいとお頼みになった。清水先生とは、手術が決まって、その具体的な説明を受ける時、その場で御会いしたのであるが、すでに宮崎先生によって私は導かれていたのであった。これまでにお世話になった宮崎先生を二人紹介したが、この宮崎逸夫先生は三人目の方であった。

宮崎先生のところにしばしば来られた碁敵がいた。病院近所の寺院のお坊さんだという。闘病生活の時間をもてあましておられたと見え、そのお坊さんが来られた時は、朗らかな表情が一層朗らかになり、熱心に囲碁を打って楽しんでおられた。私はその様子を見て、駄歌を一首献じた。

病院で　禁足令の出る中で　心は無限宏大を行く

という歌である。

先生は病気のため自由に出歩くことができず、時折家に帰られる時には、奥様が車椅子を押して移動しておられた。たとえ自由な行動が制限されていても、囲碁の世界は無限の可能性があり、その宏大な世界に先生は嬉々として遊んでおられる。そんな様を詠み上げたのであるが、このような駄歌を本当に喜んでもらえたかどうかは甚だ疑わしい。私一人の満足であるに過ぎない。

その宮崎先生との語らいの輪の中に、二十代中頃の女性、K・Miさんがいた。彼女は胆道閉鎖性肝硬変を患っていた。幼いころからの病気で、これまでにも入退院があったそうだ。一見健康そうな顔つきや体躯であり、最初お見かけした時には病人には見えなかった。女子美術大学を卒業し、東京で就職したが、体調が思わしくなく、退職して金沢に帰り、入退院を繰り返し、治療に励んでいた。垢抜けし、非常に闊達な方で、自分の考えを率直に語れる人だった。私は田舎育ちだったので、このような都会的な女性に初めて会った気がして、よく話をした。自分はC型肝炎ウィルスによる肝炎から肝硬変になり、ここで移植手術を待っていること、日本史の教師であること、ドナーは妻であること、子供が二人いること、などを話し、丁度そのころ読んでいた江戸幕府の勘定奉行や南町奉行を務めた根岸鎮衛の『耳袋』の中に江戸の妖怪の話が沢山出てきておもしろいことなど、とりとめもないことを話した。

彼女は、原発性胆道閉鎖性肝硬変という病気であること、将来長く生きられないかもしれないこと、東京で仕事をしていた時、自分を慕ってくれる男性がいたが、病気のため結婚をあきらめたことなどを話してくれた。暫くして彼女は退院していった。私が移植手術を終えて退院したあと、彼女から、赤坂の日枝神社で結婚式を挙げたこと、新婚旅行で九州の湯布院温泉に行ってきたことを伝えてくれた。新婚生活は東京で始まったが、暫くして、病気の治療が金沢大学附属病院で継続しており、その都合で金沢に移住するという報せがあった。すでに子供も生まれ、幸福感の中におられたことと思うが、それを唯一阻むものが、長らく抱えた病気であった。私が手術を終え退院して暫くのち、彼女が再度大学病院に入院したと聞き、妻と二人で、結婚祝いにペアのティーカップをもって御見舞いに行った。彼女はこれがほしかった、と随分喜んでくれた。あのときのうれしくにこやかな表情が忘れられない。それから一年か二年か経った正月の年賀状で、彼女のご主人から、Ｋ・Ｍｉに癌が発症して亡くなった、という報せがあった。私はやるせない気持ちになり、弔意の言葉も見つからず、そのままになっている。

◆妻がドナーに

私の手術の許可はまだ暫く先のことであった。その間、妻がドナーを引き受けるということが、本当に誰の強制によるものでもなく、妻の自発的な意思によるものであるかどうかの確認が行われた。それを担当したのは内科医Ｋ・Ｋ先生であり、現在、内科医院の院長を務めておられる。この先生も懇切丁寧な方で、常に笑顔で接していただいた。

外科に転科し、手術を待つ日々が続いたが、手術日はなかなか決まらなかった。おそらく、C型肝炎からの肝硬変に対する手術の是非が審議されていたのであろう。

このころ、生体肝移植手術に対しては、健康保険は適用されなかった。そのため手術には多額の出費が予想された。私は家を新築したばかりで、手持ちのお金はなかった。しかし、手術を中止するわけにはいかなかった。娘が音楽大学を志望し、何とかその希望を叶えてやりたい。息子は、大学を中退したあと、まだ十分に自立しておらず、それがかなうまで支援してやりたい、という思いが強かった。親はなくても子は育つ、という。確かにそうであるが、その子の人生に大きな影を落とすこともまた確かなことである。私自身、二十歳で父親を亡くし、学生時代はアルバイトに追われた。そのころの国立大学は、授業料が年間一万二千円で済み、この点に大きな問題はなかったが、生活費に困っていた。その点、親がいた方がいいに決まっている。私は何としても手術を受けて回復し、職場復帰したかった。

私は、学生時代以降、自分のことは誰にも相談せず、自分で決めていた。大学に入学した時は、法学科に所属したが、色々思う所があって、史学科に転学科することを希望し、実際に転学科した。その際にも母親には一言も言わず、自分で決めて実行した。しかし、お金のこととなると不如意であった。お金は労働力の形を変えたものであり、蓄えのない自分にはどうしようもなかった。

◆募金のお願い

私は大学研究室の先輩木越隆三氏に相談した。募金のお世話をお願いしたのである。木越氏は石川県の高校教師（現在、金沢城調査研究所所長）であり、学生のころから何かとお世話になり、また勉強会にも参加させてもらっていたが、たいした勉強もしないのに、生意気なことを言う後輩であった私のお願いを引き受けて下さった。高校の教育現場は何かと忙しかったはずであるが、木越氏は何も言わずに引き受けて下さった。この時、木越隆三氏に募金をお願いした書簡が古いファイルの中に残っていたので、掲げておこう。

冠省
先日は、お忙しい中お見舞い下さり、ありがとうございました。また、金沢市史の会議では、一知半解のままにあれこれ申し述べ、失礼致しました。

私の方は、小康を得、何とか通史編に間に合うように復帰したいと考えております。それまでに一山も二山も越えねばならず、簡単な道ではありませんが、がんばりたいと思います。

ところで、私の手術日は、当初五月二十二日を予定していましたが、外科の都合により、六月五日あたりに延期となりました。まだ教授の判断がでておらず、また倫理委員会も通過していませんが、概ねそのようになるだろうというのが、内科の医師の見通しのようです。小康を得ているといっても、肝臓は末期的状況ですので、一日も早く実施してほしいのですが、絶対的ともいえる権限を持つ教授のゴーサインがでないことには、どうにもならないようです。

今日筆を執りましたのは、この手術に関して、木越さんにご相談したいことがあったからです。それは手術費の問題です。ご存じのように、肝移植手術の費用については、C型肝硬変の場合、十五歳以上は健康保険が適用されません。病院事務当局に問いただしましたが、どのような軽減措置もなく、一〇〇％自己負担であるとのことです。順調にいってもドナー・レシピエントあわせて総額一二〇〇万円、トラブルが発生すれば二〇〇〇万円にも及ぶこの手術費用については、私の兄弟たちが種々心配してくれ、助力を申し出てくれています。私個人の負担能力は、家の新築や書籍の刊行などで貯蓄を使い果たした直後だけに、ほとんどありません。学校の共済組合からの借り入れ、兄弟たちの助力などでできる限りカバーしようと思いますが、助力を申し出た姉は、将来のことを心配して、私個人の資金借り入れには反対しています。しかし、いくらそのように言われても、助力にも限度がある以上、何らかの手を自分としても打つ必要があると思っています。

そうした中で、兄弟たちが言い出したのが、普段お付き合いいただいている方々からカンパを仰ぐということでした。私としては、みなさんが忙しい毎日の中で、それぞれの身を削って得られたお金を出してくださいとはなかなか言えるものではありません。しかし、負担をかける兄弟たちのことばとして無視することもできません。進退窮まったというのが今の状況です。ほとんど蓄えもないのに、移植手術などと言い出すこと自体、分をわきまえない申しようであると思います。しかし、私は、いろいろな意味合いで、まだこの世から去るわけにはいかない体であり、移植手術はやむなくとった治療方法です。

そこで、木越さんにお願いしたいのですが、できれば、私の研究に関係する方々にカンパを呼びかけてもらえないでしょうか。これは口で言うほどに簡単なことではありません。すでに職場では、私の負担を気遣ってくれ、カンパを呼びかける話になっています。ありがたいことです。

毎日お忙しい中でよけいな仕事を増やすことになるこのお願いは、全く私の勝手なお願いであり、お聞き捨てなさっても仕方がないことだと思いますが、できることならお受け下されば幸いに存じます。

今日本の社会には、C型肝炎にかかっている人が二〇〇万人いるといわれます。その中で、肝硬変や肝ガンでなくなる人が毎年四万人あります。肝移植手術（生体・脳死含めて、ただし生体が圧倒的に多い）を受けることができる人はそれに比してごくわずかで、十年間の間にようやく千例を数えるにすぎません。その八〇％は五年、十年の生存率を示しています。移植手術の可不可によってその後の生存率が大きく異なりますから、これは大きな社会的不公平といわなければなりません。しかし、逆に考えれば、現状において条件に恵まれたものがどんどん手術の需要を大きくし、技術的に方法を確立させ、C型肝炎に多くの国民の目を向けさせ、肝炎患者が回復する道を太くする、という点で、今回の私の手術には、社会的な使命もあると考えています。また、私個人としては、いかに病状が悪くとも、最後まで生存の可能性を汲み尽くす努力をすることが正しい生き方であろうとも思います。

手術が成功裏に終わっても、免疫抑制によって、感染症その他の合併症を引き起こす可能性は大きく、長期の生存はどのようになるか、予想がつきませんが、手術をしなければ、一、二年後には肝不全となって死ぬことは確実です。

このような事情です。助力をお願いするのはある意味で情けなく、また恥ずかしい限りであり、さんざん迷った挙げ句のことですが、以上の点をご理解いただき、どうかカンパの呼びかけにご協力下さいますよう、よろしくお願いいたします。

なお、本務が忙しい上に、自治体史の刊行という根気のいる仕事が大量にあり、とかく無理されることも多いかと思います。どうかお体をいとわれ、お仕事なさってください。

匆々頓首

五月七日

見瀬和雄

木越隆三様

侍史

この時募金には、私が属する研究会の会員諸氏、金沢大学の同窓生、國學院大学地方史研究会の諸先輩・会員や院友の方々、富山工業高等専門学校の同僚の先生方や学生たち、小松市史編纂室の方々、高等学校時代の同窓生、など実に多くの方々が篤志を寄せて下さった。また、大阪で事業に成功していた従兄の方、そして私の兄弟たちからも見舞金が寄せられた。私自身、寄付ばかりに頼るのはあまりに甘えすぎだと思い、高専の共済組合から借り入れもした。先のことをいえば、医療費総額は優に二千万円を超えたが、これらのお金でどうにかまかなえた。この場を借りて改めて篤く御礼申し上げる。

◆河島英五の死

この待機中、同じ肝硬変を患い、大量出血して亡くなった方がいる。それは、あの『酒と涙と男と女』や『野風増』などの名曲で知られる歌手の河島英五氏である。彼は私より五日先の一九五二（昭和二十七）年四月二十三日に生まれ、二〇〇一年四月十六日に亡くなった。私は飲み会の二次会でカラオケに行くと、よくこれらの歌を歌った。その歌い手の彼が私と同じ年の人であり、同じ肝硬変を患い、出血多量で亡くなったニュースを見て、言いようのない悲しみに襲われた。勝手な話だが、肝硬変と闘う仲間を失ったような何とも言えない悲しみであった。私はノートパソコンで彼の曲を聴いては泣いていた。私たちの世代は、いわゆる「団塊の世代」の次に位置し、出生人数の多い団塊の世代の激しい競争の余波を受けていた。そんな中で、河島氏も、好きなことであったとはいえ、メジャーになるまでに随分苦労も多かったことだろう。彼の肝硬変の原因が何であったかは、勿論知るよしもないが、同じ肝硬変を患う身として、彼の死は他人事とは思えなかったのである。彼の新ミレニアムは、つらい形で始まり、自分にも家族にも、多くのファンにもつらい形で終わった。しかし、彼の残した多くの楽曲は、今なお多くの人たちの胸を打ち、これから先もずっと歌い継がれていくことだろう。

3　手術へ向けて

◆手術日の決定

私の手術日は、二〇〇一年六月十九日と決まった。それに向けて、執刀医の先生方から、術式の説明が行われた。執刀医は先に紹介した清水康一先生と谷卓《たかし》先生であった。主治医は谷先生で、谷先生は、当時生体部分肝移植手術の開発と普及で先頭に立ち、多くの症例を手がけてこられた京都大学医学部の田中紘一先生の下で研修してこられた方で、すでに二例の手術を担当された方であった。

この説明会には、私と妻、それに私の姉夫婦が参加し、清水先生と谷先生が、図解を交えながら説明に当たられた。妻の肝臓の右葉を用いること、私の体重からして妻の肝臓の右葉に相当するボリュームが必要であること、肝臓は細胞が増殖する唯一の臓器であり、妻の左葉は程なく増殖して、妻の体の代謝を担えるようになること、などが説明された。

私の義兄は、この時、手術の危険性などについて色々質問してくれた。義兄は、全盲の障害者で、石川県立盲学校専攻科で鍼・灸・マッサージ術を学んだあと、独学で理学療法士の試験に合格し、このころ金沢医科大学病院物療科に勤務していた。義兄は私をいつも気遣ってくれ、私も義兄の勉強熱心で意欲のあるところを尊敬していた。医学の知識があったこと、私の安全を気遣って質問してくれたことはありがたかったが、もとより金沢大学ではまだ症例が二例であり、危険が伴うことは承知の上での手術の申し出であったことから、先生方を質問攻めにするのは気の毒だと思い、生意気にも、「ともかく、先生方に命をお預けしますので、どうぞよしなに実施してください」とお願いした。先生方を信頼するも何も、手術を受ける以外に私の生きる道はないのであり、ひたすらお願いするしかなかったのであった。先生方は、「わかりました。精一杯務めます」と応じて下さった。こうして私は、金沢大学附属病院における生体部分肝移植手術の三例目の症例になることになった。

それ以後も義兄はしばしば私を見舞ってくれ、色々な世間話で私に付き合ってくれた。そのころ私は、内面の動揺をカムフラージュしようとしたのであろう。頭を丸刈りにしたり、ひげを伸ばしてみたりしていた。いかに強がってみても、先生方に全面的に頼ったと言ってみても、何か変わったことをしないと、心のバランスをとることができなかったのである。しかし、いよいよ手術直前の時期、谷先生から口の周りのひげは剃ってほしいといわれ、それに従った。先生としては、感染のリスクを減らすこと、人工呼吸器を当てる時、ひげが邪魔になることなど、重要な問題であったということ。

ある時、ふと思い立って、医学部の購買部の書籍コーナーへ行き、生体肝移植に関する書籍を買い求めてきた。詰まるところは、自分がこの先経験するであろう手術の内容を知ることで、心の動揺を抑えようとしたのであるが、手技について触れた部分はあまりなくて、術後管理や免疫抑制療法などを解説した部分が多く、自分にとっては、なるほど、と思う部分があまりなかったように思う。

第四章　手術と術後

1　手術

◆手術と田中紘一先生

二〇〇一（平成十三）年六月十九日、私と妻は、それぞれに準備を終えて、ストレッチャーを連ねて手術場に向かった。入る前に、ストレッチャーが並んだ時、私は妻の手を取り、「また会おうな」と声をかけた。妻も「うん」と返し、そのあとそれぞれの手術場に入った。煌々《こうこう》と照りつける手術台のライトの下で、これが手術場か、と妙な感慨に浸った。かつての手術の時は、ライトの下に行く前に、麻酔で意識を失っていたので、この光景は初めての経験だったのである。その内、麻酔のマスクが掛けられ、私は混沌の世界へと沈んでいった。あとで谷先生から聞いた話では、日本における生体部分肝移植手術の道を開き太くした、京都大学の田中紘一教授が私の手術を実際に御覧になり、指導されたという。

田中先生の人柄と医療、特に肝移植に向かわれる情熱と緻密さについては、後藤正治『生体肝移植　京大チームの挑戦』（岩波新書、二〇〇二年）に詳しい。そこには、田中先生が全国各地の研究機関に赴かれ、肝移植手術に立ち会われている姿が描かれている。また、二〇一二（平成二十四）年一般社団法人全国日本学士会からアカデミア賞を授与された時の経歴書によると、二〇〇一（平成十三）年四月、先生は京都大学医学部附属病院病院長に就任しておられ、おそらく病院長としての激務の合間を縫って、わざわざ金沢にまで来られたのであろう。おそらく、谷先生が要請されたものであろうが、まだ症例の少ない中で、慎重を期した先生の医師としての誠実さがその根底にあると思う。

◆術後管理

私が麻酔から蘇生したのは、翌朝であったろうか。もう記憶が薄れている。私は、かなり広い部屋の中のベッドに横たわっていた。このころの金沢大学病院は、改築事業のまっただ中にあったが、まだどの病棟も新築に至っていない。私がいたのはICU（集中治療室）であったが、ICUも当然ながら旧態依然のままであった。何よりも驚いたのは、救急患者の受け入れ室にもなっていたことである。病気の急変や交通事故での重体患者が運ばれてくるところであり、私にはかなり違和感があった。実際に救急患者が夜やってきた。その対応で、医師や看護師たちは大きな声で治療上の指示を与え、それに応えていたが、身動きとれず横たわっている私は、何が起こったのだろうと気が気ではなく、眠れないこともしばしばあった。

今一つ気になったのは、ICUの担当になっている医師や看護師の私的な会話が聞こえてくることである。これも自分に関係ないことであっても、ついつい聞き耳を立ててしまい、眠れない原因の一つになった。

手術の翌日から、術後管理のメニューが始まった。体温・血圧・血糖値が測定され、確か一日一回、体重測定が行われた。私は寝たきりであるので、通常の方法では計測できない。私の体を大きな網の上に乗せてつり上げ、それによって測定するという方法が採られた。薬はすべて点滴で注射されていた。当然しばらくは食事はなかったが、歯磨きとうがいは行われた。すべては感染予防のためである。

ある時、私は、食事をしてもいないのに、便意を催し、それを看護師に訴えた。その看護師は、私の方に背を向けて私にまたがり、手袋をして消毒したあと、私の肛門に指を入れ、策便してくれた。結果的には、何もなかったが、なぜか便意は残っていてつらかった。これらのルーティンワークを、スケジュールに従って寸分違わず施していくのであるから、うとうとしていても起こされて実施され、それは実に厳格であった。

私の両手には点滴の針が刺さっており、その管の先を見ると、実にややこしい迷路のように複雑につながれていた。おそらくさまざまな薬が一本の注射針の中に集中して体内に注入されていたのであろう。あたかも、むかし漫画で見た人造人間作成過程のような様子であった。

主事医の谷先生は一日に一、二度様子を見にきてくれた。超音波で私の肝臓の血流を確認して行かれた。その画像によると、私に移植された肝臓は、椰子の実のような形状をしており、その中に動脈と静脈が流れているという、ふつうとはかなり形状の異なるものになっていた。また脾臓の大きさを検査したが、やはりおとなのこぶし大以上の大きさであった。あとで知ったことだが、谷先生は、その他の患者さんのこともあってだろうが、かなり長い期間病院で寝起きされていたらしい。これもあとで知ったことであるが、私の一カ月のちに第四例の手術が行われたとのことである。おそらく先生は、四例目の手術のあとは、術後管理のために昼夜逆転の時もあったに違いない。

最初は、妻も同じＩＣＵにいたのであるが、私は自分の身辺の状況に心を奪われ、妻のことを考える余裕はなかった。救急患

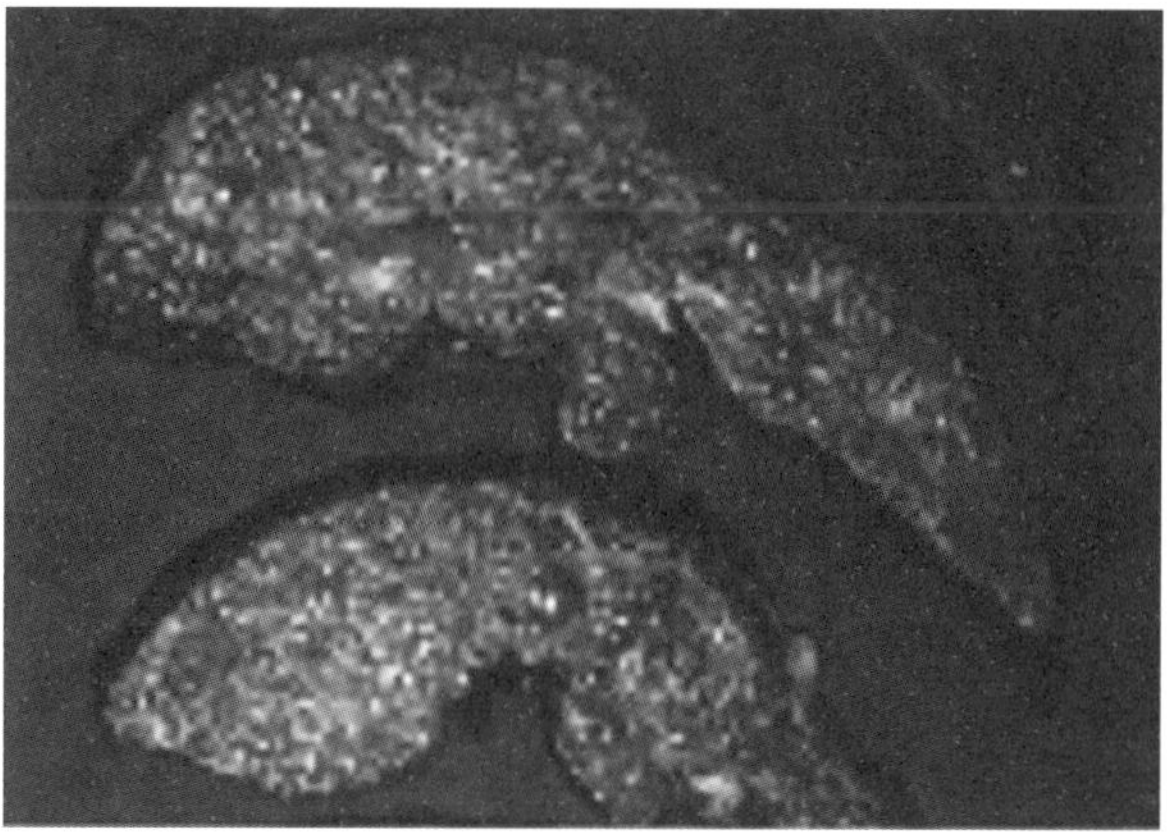

摘出した元の肝臓

（金沢大学附属病院撮影）

者も受け入れる部屋だったので、同じ空間の中で、妻は私に関する状況を音で聞いていたかも知れない。妻は一週間ほどでICUを出たのであるが、私は一週間以上いたのではないかと思う。私がまだICUにいたころ、妻がヘアキャップにマスク、全身を覆うビニール製のガウンを着て、私を見舞ってくれた。こんなにも厳重な感染予防が必要なのか、と思った。妻の顔を見て、私はホッと安堵した。妻の目はいつになく優しかった。私は妻のお陰で第二の命を授かったのである。妻は三人目の子を出産した母親のような感覚になっていたのかも知れない。そう考えると、妻は私の妻にして母親である。現在の私は、言うことを聞かないだだっ子のような息子である。ともかく、二〇〇一年六月十九日は、私の第二の誕生日であり、私の新ミレニアムのスタートの日であった。

2 術　後

◆突然の下血

ＩＣＵを出た私は、次の段階のＨＣＵ（準集中治療室）に入った。ここでも点滴の管が縦横に走り、Ｓ先生という若手の医師が薬の補充などを行っていた。ＨＣＵにいたころではないかと思うのであるが、ある晩、突然下血した。看護師がすぐ谷先生に連絡し、谷先生が急いでこられた。術後まもなくの下血であり、原因はどこにあるのかを究明する必要があった。すぐに内視鏡室に移された。清水先生も来られ、どこから出血しているのかを探った。私は、ここまで先生方や看護師の方たちのお世話になりながら、妻から大事な肝臓をもらいながら、この手術が失敗に終わるのではないかという恐怖感に駆られ、涙が出て仕様がなかった。その悔しさを口走ったと思う。先生方の見立てでは、血液は黒色化しておらず、酸化していないので、直腸ないしは肛門付近から出ているのであろう、ということであった。すなわち、手術の部位と直接関係はないであろうということであった。谷先生の推測では、肝硬変によって、食道静脈だけでなく、肛門静脈にも圧力がかかり、静脈瘤ができていたのではないか、ということであった。止血の手当てをして、何とか事なきを得た。

◆担当看護師さんたち

このころ私の看護に当たった担当看護師は、W・Mさん（現・看護部長）をはじめ、Tuさん、Taさん、Hさん、Kさん、Tunさん、Aさんなどで、体温・血圧・血糖値の測定だけでなく、院内感染を防ぐため、常に病室の清潔を維持する必要があり、部屋全体のアルコール綿による拭き取り、床の掃除などを交代で行っておられた。既にちがう病院に移られた方とか、寿退職されたとかいった方もおられるが、多くは金大病院でそれぞれに重要な部署でがんばっておられる。比較的最近、急性胆管炎で入院している時、階段でTaさんにばったり会った。その時は、人目も憚らず手を取り合って再会を喜んだ。この方は、点滴の複雑な経路を構築するのが得意な方で、一風変わった名前の持ち主であった。名前の由来について解説を聞いたが、よく覚えていない。しかし、この方の名前は一生忘れることはない。また、これも急性胆管炎で救急外来に赴いた際、Kさんにばったり会った。Kさんは、私が下血した時の当直の看護師さんで、私の様子を不安げに見守っていてくれた方である。

皆さんとてもしっかりした看護師さんであったように思う。私は、看護師の方々が病室を掃除している時、少しでも報いることができれば、と思い、アメリカのポピュラースタンダードナンバーの楽譜を持ってきてもらって、気の向いた曲を歌った。雑音にしか聞こえなかったかも知れないが、私自身はそうすることによって、少しでも看護師さんの大変な仕事の苦労を紛らわせることができたと勝手に思っており、また自分自身の音楽趣味を満足させることもできた。

◆九・一一事件の発生

九月十一日、私は病室でテレビを見ていた。映し出されたニュース映像を見て驚いた。飛行機がビルの背後を通過する映像かと思ったら、反対側に飛行機は現れず、炎が吹き出したのである。二つあった世界貿易センタービル（ツインタワー）の両方に一機ずつ衝突した。巻き上がる噴煙、逃げ惑う人々、「オーマイガッド」を口々に叫ぶ現場周辺の人々、現場に駆けつける消防車、絶望し、悲嘆に暮れる人々。二つの建物は、上から大きな力で押しつぶされるように、大噴煙を上げて崩壊した。なんとも凄惨な光景であった。この事件によって死者が約三〇〇〇人に上ったという。おそらくこの人たちを取り巻く何万人もの人たちが心を砕かれたことだろう。

私は思った。一方で、人の命を救うために懸命の努力をしている人たちがおり、その一方でそんな人たちの努力をあざ笑うかのように人の命を奪っていく人たちがいる。このテロに走った人たちは、直接的に人命を奪った人たちであり、決して絶対的に許されるものではない。ただ、彼らがなぜ自分の命を捨ててでもそのような愚劣な、反社会的行為に及んだのか、という問題も併せて考えなければならない。

一九七〇年代以降、世界の資本主義は、いわゆる「新自由主義」と呼ばれる考えのもと、政治権力を利用し、市場原理（競争原理）を重視し、戦後世界が作り上げてきた社会のセーフティネットを次々とこわしていった。自己責任、受益者負担を強調し、社会福祉の縮小、公営事業の民営化、非正規雇用の増大による賃金抑制、国立大学授業料の増額などを次々に推し進めていった。企業の多国籍化が進み、発展途上国を市場として利益を吸収していった。発展途上国の国民はこうした多国籍企業から富を吸収され、格差が大きく拡大した。こうした中で、弱者は敗者となって、世界資本主義への不満は拡大した。その不満が、世界資本主義の象徴であり牙城である世界貿易センタービルへのテロ行為となったと私は見ている。

このテロ行為は絶対的に許されないが、実行犯やそれを計画した人々がなぜそのような行為に及んだのかをも、考えてみなければならない。米ソの冷戦が終わったと思いきや、新たな憎しみが渦巻き、なんという世界であろうか。人が人として生まれ、それぞれのささやかな望みを叶えることができないとしたら、何が民主主義であろうか。九・一一事件は、新ミレニアムが厳しいミレニアムであることを多くの人々に見せつけた象徴的事件であった。そして、そんな時私は第二の命を授かったのであった。

◆腹水が止まらない

話を戻そう。私の右脇腹からは、腹水を出すために太いドレーンが差し込まれていた。肝臓の右葉と左葉を切り分けた切り口から浸潤する血漿を外に出すためのものである。それを補うために、常に点滴で血漿成分の補充が行われていた。ある時、この腹水の出方が多くなった。原因がわからなかったため、谷先生が治療経過のデータをもって京都大学の田中先生を訪ねられたと聞いた。そのあと、私のベッドの上部の傾きを常時三〇度に保つという指示が出た。なかなか寝付きにくい角度だったが、次第に慣れていった。この腹水の出方が治まるのにかなりの時間を要し、私の退院は長引いた。

腹水も漸く止まりはじめ、ベッドの上で起き上がり、徐々に歩行訓練などのリハビリを受けることができるようになっていった。食事はよく記憶していないが、出されたものはだいたい食べていたように思う。

◆新病棟への引っ越し

二〇〇一年九月の下旬であったかと思うが、思わぬ引っ越しがあった。新病棟への引っ越しである。病院から、某運送会社の防水袋が二つ渡され、その中に荷物を入れて多くの患者とともに新病棟に引っ越した。さながら、ゲルマン民族の大移動と比喩してもおかしくない光景であった。皆一様に、ホテルみたいだ、と感嘆の声を上げていた。ちょっとうれしい新ミレニアム到来であった。

金沢大学附属病院は長期の改築計画を進めていたが、新ミレニアムの到来と同時に、まず病棟が完成したのである。新病棟は十階建てで、中央のエレベータを挟んで、東西に分かれていた。私が移ったのは、肝胆膵・移植外科病棟のある西八階であった。それまでいた病棟は、いつ建てられたのかわからないが、相当に老朽化が進んでおり、何に付けても古かった。

先にも触れたが、新しい病棟は、ホテルではないかと見まごうばかりに、美しく、しゃれていて、患者に対する配慮が細やかであった。私が移った病室は個室で、ベッドを取り囲んで無菌状態を作れる設備が施されていた。このころ体に点滴の留置針が付いていたかどうか記憶は定かではない。

一つだけ難点を挙げれば、トイレが病室の中で個室化されず、洗面台の下に附属し、用便を足す時はカーテンをするというものであったことである。そのため、においがあとに暫く残り、不快であった。これ以外は旧病棟を考えると別天地であった。

この新病棟で私の担当になった看護師さんの一人に、Ｔｕｎさんがいる。この方の一見変わった苗字は、とある土地の古名であると説明された。古代の歴史に疎い私は、へぇー、と驚いた。また、Ｔｕｎさんは、その苗字に導かれたのか、歴史の好きな看護師さんであるとのことであった。そこで、私は、自分が肝硬変で入院する前の二〇〇〇年三月に当時國學院大学教授であった二木謙一教授をお迎えして、東四柳史明氏、瀬戸薫氏とともに、「前田氏三代の女性たち」というタイトルでシンポジウムを行った記録が近々刊行される、といったことなどを話した。Ｔｕｎさんも興味をもち、前田氏の女性たちの生き様などについてしばし話が盛り上がり、私の心は随分癒やされた。この記録は退院後に出版されたので、Ｔｕｎさんに一冊プレゼントした。

その後、一旦大部屋に移った。大部屋は四床あり、個々にカーテンで仕切られ、その空間はかなり広く、快適であった。今ではどの病院でも備えている設備がいち早く備えられ、病院全体が一日も早く改築されることを願った。そして、二〇〇一年十月二十四日、私は漸く退院することができた。

退院後の秋、我が家に新しい家族がやってきた。それは、長男が友達から頼まれたと連れてきた雌の子猫である。名前を「ルーシー」といっていたが、私には今ひとつなじめず、勝手に「ニャン子」と呼んでいた。動物病院の診察券にも「見瀬ニャ

見瀬ニャン子です

ン子」と記されている。病気のことやら仕事のことやらで重苦しい毎日であったが、この「ニャン子」のお陰で随分心がなごんだ。特別飼い方を学んだわけではなく、随分ルーズな飼い主であったが、妻にとっても救いであったのか、徐々に色々調べて、猫の日常に必要なものを買いそろえていった。

猫は爪を研ぐ習性があるが、当初は爪研ぎ板を揃えていなかったため、新築の家の壁を散々に引っかかれた。新しい家を見苦しくするのに、たった一匹の子猫で十分だということが痛感された。

◆妻のその後

ドナーとなった妻は、手術のあと二週間ちょっとで退院した。新築になった我が家はまだエアコンが付いておらず、妻は重い体を押して電気屋へ行き、一台購入したそうである。そして取り付けた居間のソファで寝起きしたという。大学病院は、古くとも冷房は効いていたが、何もない家とは大きなちがいであり、妻はこれでようやく療養ができた。家族たちがこの妻にどのように接したのかはよく聞いていない。病院はなんといってもドナーの命優先であり、妻の術後観察のための通院は暫く続いた。

その後何年かしたある日、金沢循環器病院から電話があった。妻が大変であるという。あの元気な妻に何が起こったのだろうかと怪訝《けげん》な気持ちで循環器病院に行くと、担当の先生が、開口一番、危ない所だった、と言われた。どう危なかったのか、と問うと、ここへ来た時はもう白目が出ていた、と言うのである。これはとりもなおさず脳に血液が行かなくなったことを示しているが、緊急治療で危険を脱したという。

妻は数週間前から脈拍の異常を訴えていた。そして受診しようとしていた矢先のことであった。それが急激に悪化したということなのだろうか。病名は、「心房細動」で、心臓を動かす電波に異常が生じ、不整脈になり、血液を全身にうまく送り出せなくなるのだという。その電波を制御するために、妻の左胸の中にはペースメーカーが埋め込まれている。それ以後、同じような症状は現れなくなったとのことで、治療がうまくいったことを示している。

これに関して私には気がかりなことが一つあった。それはこうした症状に妻が陥った原因は、私への肝移植のドナーになったことと関係しないか、ということである。谷先生に伺った所、格別関連することはないだろう、ということであった。私は、せめてもの救いと安堵した。

妻は三週間ほどで退院した。ドナーとなったことと直接関係がないとはいえ、私には、これまでに私によって感じさせられたさまざまな不安感がそうさせたような気がしてならない。妻はつらいことがあっても、じっと黙って堪え忍ぶ人なのだ。そのストレスが、彼女の体の弱い部分に現れた。私はそのように考えている。

第五章

退院と再入院

1　退　院

◆退院報告

二〇〇一年十月二十四日、私は、何人かの看護師さんたちに見送られて、妻とともに病院をあとにした。手術から四カ月余り、途中、退院はあったものの、肝硬変発症から一年五カ月に及ぶ長期の闘病生活であった。その間、どれくらいの方々のお世話になり、どれだけの方々にご迷惑をおかけしたかわからない。それを考えると、まずしっかり動ける体になって、職場復帰することが第一の務めであると思った。

そのため、退院してすぐにしたことは、お世話になった方々に対する御礼の書簡を発することであった。その時の書簡のファイルが残っていたので、掲げておこう。

快癒御礼

秋もいよいよ深まりを見せているこのごろ、貴台におかれましては、ますます御清祥にお過ごしのこととお慶び申し上げます。

過日は、私の入院、手術に際しまして、身に余る御激励・御支援を賜り、ありがとうございました。篤く御礼申し上げます。御陰をもちまして、手術は無事成功し、術後の回復過程で若干の難点はありましたが、十月二十四日をもってどうにか退院することができました。これも偏に貴台の御激励の賜物と深く感謝しております。

退院後もなお、自宅での療養と体力回復の努力を要し、仕事への復帰はもう少し先のことになりそうですが、ともかくも一つの大きな坂を越えることができたと考えております。

また、多くの薬を服用し続ける必要があり、決して常人のようなわけにはいきません。この点でまた何かと御迷惑をお掛けすることもあるかと思いますが、どうぞお許し下さい。これからは、いただいた命を大切にしながら、自分らしさを失わず、人として、親としての務めを果たし、余暇を妻とともに楽しみたいと思っています。

今後ともご指導の程どうぞよろしく御願い申し上げ、御礼に代えさせていただきます。どうもありがとうございました。

なお、時々小春日和があるとはいえ、朝晩冷え込みが厳しくなってきておりです。風邪など召さぬよう、どうぞご自愛専一にお過ごし下さい。謹言

十月二十五日　　　　　　　　　　見瀬和雄

◆リハビリの日々

退院後、日中妻は勤めに出ており、私はカメラを一台もって、車で白尾海岸まで行き、砂浜を往復四キロほど歩いた。毎日というわけにはいかなかったが、それでもかなりの回数歩いたと思う。ただ歩くだけではおもしろくないので、砂浜にいるカモメ

やトンビ、チドリなどの姿をカメラに収めた。浜千鳥が数十羽群れて渚をちょこちょこ歩き回る姿は、見ていて楽しい。そのあとの足跡がスタンプを連続で押したような綺麗な模様になっていて、これは自然が作り出した芸術だなどと一人で悦に入っていた。

私は二〇〇一年度いっぱい休職したが、こうした運動のお陰で、食欲もわき、体重も徐々に回復して、二〇〇二年四月にはどうにか富山高専の職場に復帰することができた。

◆移植肝の形状

移植直後から、谷先生の超音波検査によっ

足早に何を急ぐか浜千鳥早く歩めぬ我置き去りに

て、私は自分の肝臓がどのような形になっているのかよく知らされた。初めのころはまだ小さかったが、徐々に丸みを帯びてきて、このような形状の臓器はあったろうか、と不思議に思うような形になっていった。血流をみるというので、中に通る動脈と静脈の血流量が表示され、またそれぞれに位置がわかるように動脈は赤、静脈は青の筋として画面に映し出された。そして、肝動脈の動きが綺麗な波形となって映し出されるのをみると、ホッとする。脳死からの移植者は別として、部分肝移植を受けた人の肝臓は、ほぼこの丸い肝臓になっていることと思う。また部分肝移植でドナーとなった人も、同じように丸い肝臓をしていると思う。

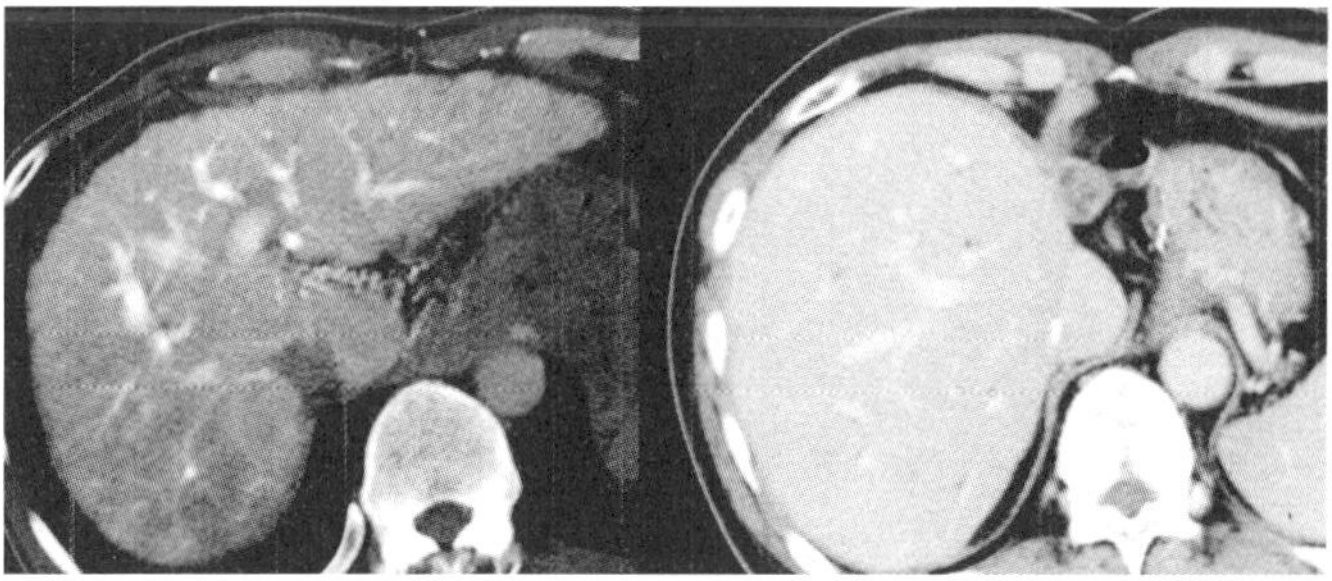

（左）肝硬変になった元の肝臓（右）妻からもらった移殖肝、成長して丸くなっている

（金沢大学附属病院撮影）

◆インターフェロン治療の開始

退院直後から、C型肝炎の再発を抑えるために、インターフェロンの治療を受けた。このころの治癒率はまだ低く、三〇％ほどといわれていたが、とにかく受ける以外に道はなかった。最初は二日に一回で、のちには一週間に一回に変わった。休職中は病院が近かったが、復職してからは、富山高専の仕事が終わってから金沢大学附属病院に行き、注射をしてもらった。この治療には副作用があり、のどが風邪を引いたときのように荒れ、声が出づらかった。

二〇〇二年、そのころ、私は、富山高専で「文化史」という四年生対象の授業を担当していた。キリスト教の日本伝来と受容、その排除の過程を通して異文化接触の姿を見ていこうとするものであった。以前は、自分でも興味あるテーマであり、楽しく、それによって大きな声で講義したが、インターフェロンの治療とともにのどの調子が悪く、声が出にくくなり、当然講義の迫力も弱くなった。そうなると学生の私語も増え、授業はますますやりにくくなっていった。私はこの時初めて、こちらの事情を察してくれない学生を恨めしく思った。こうなればもう教師失格である。原因は私にあるのに、学生を恨めしく思うのは本末転倒である。授業の中で話している時から、情けなく思っていた。今もその思いは変わらない。このインターフェロン治療は数年続いた。その成果があって、数年後には採血検査でウィルスが確認できないところまできた。以後、ウィルスによる肝細胞破壊による肝臓の線維化は止まった。

◆肝生検

金沢大学病院に入院して以降、何度か肝生検を実施した。この検査は、脇腹から太めの針を刺して、肝臓の細胞を採取するもので、それに染色を施して顕微鏡で観察するものである。問題は採取したあと、出血を止めるために体を固定し、絶対安静を守らなければならないことである。初めて受けた時は安静時間は八時間であった。並行して点滴をしているので、尿意を催し、これが耐えがたい苦痛であった。寝たきりで尿を出すのは至難の業である。八時間安静の時はどうしようもなく、導尿してもらった。その時出た尿量は八〇〇mlもあった。通常の約二倍である。この安静時間は最近では四時間に軽減されている。一番最後に実施した時、同じように尿意が強まってきたが、普通には尿は出なかった。私は最近自分の体験から、尾てい骨付近を刺激すると寝ていても尿が出る可能性があることに気付き、実践した。この時は見事に成功し、もう肝生検による安静時間の尿意はこわくなくなった。

◆胆管閉塞

このころ私が飲んでいた薬は、免疫抑制剤、ウルソ、入眠導入剤などであった。入眠導入剤は、内科に入院した時から飲んでいたが、止めると逆に寝付きが悪くなることから、そのまま飲み続けた。

ある時、入眠導入剤を飲んだのちに、なお机に向かって仕事をしていたところ、机にもたれて眠ってしまったらしく、肘掛けのない椅子だったこともあって、床に落ちて目が覚めた。何がおこったのか瞬間わからなかったが、暫くして漸く理解できた。

このこと自体には問題はなかったが、全く思いもよらない所で問題が生じた。それは、私の胆管吻合部が萎縮し閉塞してしまったのである。

2 再入院

◆胆管の再建

二〇〇二年十月ころ、私は再度入院した。

胆管が閉塞すると、胆汁が腸に流れず、血液中に胆汁の成分であるビリルビンの濃度が高くなり、全身がかゆみに襲われる。このかゆみは表皮のかゆみでなく、体の内側からのかゆみであるため、かゆみ止めを塗っても治らない。足や手、おなかや背中がかゆくなり、この状態で風呂に入ると、かゆみは疼痛に変わり、耐えがたい苦しみとなる。また、尿や皮膚の色も黄色になり（黄疸）、異様な感を覚える。そんな症状が出てきたのである。私は急遽病院に入院し、治療してもらった。

この胆管閉塞に対する治療は、まず脇腹から針を刺して、肝臓を通って、その中の胆管に針を刺す。そのガイドワイヤーを使って胆管に細いチューブを入れ、そのチューブで胆汁を体外に出すという方法である。体の横には、小さなタンクがあって、出てきた胆汁が溜まることになっている。この胆汁の色は、少しの時は黄色であるが、溜まってくると濃い焦げ茶になり、自分の体内にこんな色の体液が流れていたのか、と若干不思議な気持ちになる。とりあえずこれによってかゆみを取り去ったが、根本的な治療にはなっていない。一番の問題は、胆管が詰まっていることだから、胆汁が恙《つつが》なく流れる状態を作り出す必要がある。

主治医の谷先生は、X線透視のもとで、右脇腹の管を通して、胆管の詰まった部分にガイドワイヤーを通すカテーテル治療を試みられたが、問題の箇所を通り抜けようとすると激しい痛みに襲われ、私は耐えきれなかった。同じ試みは三度行われたがいずれも同じ状態であり、私は手術以外にないのでは、と徐々に心を決めていた。先生からも手術が必要だと言われた時には、むしろ安堵すら覚えた。

このころには、手術室を含む新しい病棟が完成しており、私は新しい手術室で手術を受けた。私の腹部の手術痕は、見た目には一本であるが、実は四回切り開かれたものである。学生時代の十二指腸潰瘍穿孔に対する手術と再手術、肝移植手術、四度目がこの胆管再建手術であった。肝移植手術の時、私の胆嚢は取り除かれ、肝臓から出る胆管と腸から出る胆管とを縫合していたのであるが、再度閉塞する可能性があることから、谷先生は、小腸と胆管を直接結ぶことによって、胆管の口径を確保するという手術を施してくれた。これによって胆汁の流れは改善され、問題は一応解決した。

このころ、私がいた大部屋には、ある有名な古文書をお持ちの家の御当主も入院されていた。私より少し若い、威勢のいい消防士さんだった。大腸癌を患い、すでに手術を受け、大部屋に来たのである。美人の奥さんやご両親が心配そうによく御見舞いに来られた。しかし、病魔は他の臓器にも転移していたらしく、ほどなくして亡くなられたと聞いた。

◆イラク戦争勃発

こうして胆管の手術を終えて、私は再び職場に復帰した。このころ、再び世界で大きな事件が起ころうとしていた。二〇〇一年九月十一日のあの衝撃の映像がまだ脳裏から離れない中で、アメリカやイギリスを中心に、九・一一テロの首謀者とみられたアルカイダのウサーマ・ビン・ラーディンとイラクのフセイン大統領がつながっていると言われ、イラクに核兵器や生物兵器・化学兵器などの大量破壊兵器が隠されていると取り沙汰された。国連から大量破壊兵器の存在について査察が入ったが、見出すことはできなかった。しかし、アメリカのブッシュ大統領は、攻撃される前に攻撃する権利がある、として、二〇〇三年三月二十日、イラクに対して先制爆撃を行い、ついにイラク戦争がはじまった。

私は、この一連の動きに、何が何でも戦争をして、フセイン大統領を倒すという願望を実現したいというアメリカのブッシュ大統領の欲求を感じずにはいられなかった。たまたま『富山高専だより』のコラム「太刀の峰」の執筆順番が私に回ってきたことを好機として、「二〇〇三年という年」という一文を草して掲載した。

二〇〇三年という年

二〇〇三年という年を総括的に振り返るのは、まだ少し早いかもしれないが、もうそうするには十分なほどの事件が起きている。

二〇〇三年の最大の出来事は、なんといってもアメリカとそれに同調する国々による、イラクへの武力攻撃であった。

国際連合による大量破壊兵器査察の努力もむなしく、アメリカのブッシュ大統領はイラクに戦争を仕掛けた。フランスやドイツ・ロシアなどの国々は、国連の決議を伴わない武力行使は容認できないとして、反対を表明したが、ブッシュ大統領は、アメリカに危険が迫っている以上、国連決議がなくとも、先制的に武力攻撃を行う権利があるとして、先制攻撃に踏み切っていった。

国連主義を掲げて、このアメリカの行為を批判した国々に対し、ブッシュ大統領は、国際連合はもはや古く、国際社会の平和維持に役立たない存在になっている、と決めつけている。

かつてアメリカが中心となって創った国連。今日では世界のほとんどの国が加盟する国連。国際平和のために、多くの国々が真剣な議論を重ねている国連は、果たして本当に古くなったのだろうか。否、その役割は一層大きくなっている。そのことは、国連を無視して一国主義に突き進むアメリカ自身が身を以て証明している。

また、戦争が始まる一カ月ほど前の二月十五日、全世界の各地で同時に一千万人を超える人々が、戦争反対のデモ行進に参加したという事実が、戦争反対を掲げる人々の、国境を越えた連帯が広がっていることを示している。

これまでの歴史に、一千万人を超える人々が戦争に反対する一つの行動を同時にとったということがあっただろうか。否、これは全く新しい事実であり、国際連合の存在を一層強く基礎付ける動きであり、これからの世界史の流れを作り出す力である。

二〇〇三年、それは私たちが、日常では誰もが否定するであろう戦争という事態を間接的に経験した年であった。しかし、二〇〇三年は、戦争を否定し、国際社会の中に平和を実現し、人がこの世に生まれ、それぞれの思いを平和の内に実現することを応援する力が確かに育っていることを確認した年でもあったのである。（『富山高専だより』第六九号　コラム「太刀の峰」所収）

3　転　職

◆大学への転職

この翌年、私は五十一歳で、また人生の大きな転機を迎えることになった。長らくお世話になってきた東四柳史明氏から、彼の勤める金沢学院大学美術文化学部に来ないか、というお誘いがあったのである。私の金沢大学の恩師高澤裕一先生が勤めておられた所であるが、定年で欠員が生じ、その補充人事として私に声をかけて下さったのである。私は先に触れたように二〇〇〇年四月に國學院大学から「博士」（歴史学）（國學院大学）の学位を頂戴しており、一応の基準は満たしていたということであろう。私はその旨を富山高専の宮下和雄校長に話し、いずれ金沢学院大学から割愛願が来るであろうことを話した。校長からも了解が得られ、一応円満に富山高専を退職する運びとなった。

富山高専の同僚の先生方の中には、慰留してくれる方もおられたが、何よりも私の人生を開いてくれた東四柳史明氏からのお誘いであること、長距離通勤から解放されること、金沢大学附属病院と日常的に近い所にいられることなどが移籍の理由であった。富山高専の同僚の方々や学生からは、お世話になりまた激励も受けた。この場を借りて、改めて御礼申し上げたい。

金沢学院大学では、事前面接があり、上山夏樹副理事長と石田寛人学長が御出になり、色々の質問を受けた。ここでも了解が得られ、私は二〇〇四年四月から、金沢学院大学美術文化学部文化財学科教授として勤務することになった。上山副理事長は、北國新聞社におられた方で、私が手術を待つ間に書いた『利家・利長・利常―前田三代の人と政治―』が北國新聞社から刊行されているのを御覧になり、いい印象をもっていただいたようである。石田寛人学長は、科学技術庁事務次官を勤められたあと、チェコ大使を歴任された方で、本来なら私などが軽々にお会いできるはずのない方である。

以後、私は、水を得た魚のような気持ちで、大学の勤務と研究に没頭した。また、一方で、私は多くの方々からご支援を得て第二の命を授かったことから、このご恩を何らかの形で皆さんにお返ししなければならないと考えた。しかし、私のできることは、大学での教育と研究に真摯に取り組むこと以外はあまりないことも確かであった。一策を案じた私は、自分にできることとしかできないと観念し、自分の専門である日本近世史の基礎的作業である、古文書の整理と目録刊行に手弁当で努めることにした。そこで、私は、大学院時代に高澤先生に連れられて珠洲市史編纂の史料調査に赴いた際、大きな興味を抱いた、「尾間谷家文書」の調査を考えた。

◆社会への恩返し

折しもそのころ、私の高校時代の国語の先生であった井舟哲全先生が主催する若山村塾という一種の学習サークルが、「尾間谷家文書」を読んでいるという話が聞こえてきた。井舟先生と若山村塾にお願いし、「尾間谷家文書」の整理を申し出たのである。井舟先生も若山村塾も快くそれに応じて下さり、私はかなりの頻度で金沢から珠洲市に通い、古文書の整理に努めた。全部で五四一点という比較的少ない文書であり、個人で整理するにはちょうどいい量であった。

私がこの文書に興味をもった第一の要因は、寛永期になっても下人を多数抱え、また近隣の二カ村を「地之者」として支配し、「日おい仕事」(無償労働)を徴発するという、いかにも中世的な姿をした大百姓の文書であったことにある。

ようやく完成した『尾間谷家文書目録』の原稿に対して、珠洲市教育委員会文化財課長平田天秋氏が、この目録を珠洲市として刊行すること、それに付き、原稿料を支払う、というありがたいご配慮をしてくださった。原稿料はまさに望外の慶であった。

私はせっかくの御話であるので、次の古文書調査の資金にしようと考え、ありがたく頂戴した。

珠洲市ではまた、平田天秋氏のお考えにより、この古文書調査を継続したいということであった。まだ未整理の古文書が多数あるとのことで、かなり組織的に展開する必要があるが、そうなれば多数の調査員にお願いすることになり、予算が必要になる、と申し上げると、それも付けるということになり、珠洲市の古文書調査事業は本格的に展開することになった。この事業は現在も継続しており、これまでに計八冊の目録を刊行している。

私自身はこの文書を使って研究をしたことはないが、ごく最近、木越隆三氏が、『加賀藩改作法の地域的展開』（桂書房）という書の一部としてこの文書を利用された。また、少し前にこの調査で明らかになった文書を使った論文で博士論文の一部を構成した人もいる。いずれ珠洲市史を再度編纂する時がくれば、これらの調査・目録刊行は確実にその材料として意味を成すことであろう。

◆学科長就任

大学に移籍して四年目、私は、東四柳氏の跡を継いで文化財学科長に就任した。それと同時に美術文化学部学生委員会委員長を仰せつかり、さらに全学紀要委員にもなった。急に会議が増え、その準備や学科会議の連絡、会議の後始末などの仕事に追われた。紀要委員になったからには、毎年一編は論文を投稿しようと思い、だいたいそのようにした。また、頼まれた原稿はほぼすべて引き受け、講演もすべて引き受けた。悩ましいことも多かったが、ある意味で絶好調の日々であった。

文化財学科の先生たちは、誠意を尽くして学生指導と研究に当たったが、社会の中で文化財に対する興味が低下していったのか、応募する学生が年々減少していった。これは私たちにとって重大な問題であるばかりでなく、経営陣にとっても重大な問題であった。ここからついに、日本史を文学部に移すという案が出てきた。学科長である私は、日夜この問題に腐心し、学科会議に文化財学科の分割案を提示した。しかし、簡単には了承を得られず、皆さんの意見を聞きながら色々模索した結果、文化財学科の日本史、考古学、保存科学に西洋史、東洋史を加えて、新たに文学部で歴史文化学科を創設するという改組案にたどり着いた。大学側もこの案を認め、文部科学省と交渉した。文部科学省にこの改組案を説明するため、学長の槻木裕先生と事務方のEさん、それに私が同行して虎ノ門の文部科学省に赴いた。およそ縁のない世界であると思っていた文部科学省に行くなどとはまさか夢にも思わなかった。

同省では、各大学から沢山の来客が来ており、二〇分ほど待たされたのちに、三〇代後半と思われる職員が二人応対に出、事務方のEさんが中心となって説明し、学長も補足して、話は終わった。私は何の役にも立たず、ただずーっと横から見ていただけだった。

こうして、二〇一一（平成二十三）年四月から、文学部に歴史文化学科が創設され、日本史三人、考古学二人、保存科学一人に、西洋史の教員を一人迎えて（結局東洋史は含まれず）、再出発したのである。この新学科創設で、その当時はあまり気にならなかったが、様々なことが重なり、かなり消耗したようである。それを如実に物語るできごとが二〇一三年十一月に起きた。

4　急性胆管炎

◆突発的な発熱

私は、臓器移植患者すべてがそうであるように、免疫抑制剤を飲んでいた。この薬の開発が進んだお陰で、臓器移植手術の可能性が高まったのであり、田中紘一先生の功績は非常に大きかった。当然常人よりも免疫力は低く、医師からも感染に気をつけるように言われていた。しかし、私は、自分の置かれている状況を十分理解せず、不用心であった。それまで何もなかった、という事実から、免疫力の低さを忘れていたのである。ところが、二〇一三年十一月三十日、高岡市での講演を午後に控えたその朝、私は寒気がしてがたがた震えだした。体温を測ったところ、四〇・〇度あった。これまで三九・〇度の経験はあったが、この体温は初めての経験であった。寒くて寒くて仕様がなく、毛布にくるまって、妻に高岡市講演のキャンセルを頼んだ。まさにドタキャンである。高岡市には随分ご迷惑をおかけした。そのころ高岡市立博物館で館長を務めておられた晒谷和子先生が、急遽急場を凌いで下さったとあとで伺った。

金沢大学病院の救急外来に急行したところ、即入院を申し渡され、かつていた西病棟八階の大部屋に入院した。すぐ抗生剤の点滴が行われ、熱は徐々に下がっていったが、手足や背中にかゆみがあり、耐えがたかった。診断の結果は、感染による急性胆管炎であった。胆管炎のため、胆管と小腸のつなぎ目が細くなり、胆汁が鬱滞しているとのことであった。胆管狭窄症状を伴ったのである。

◆急性胆管炎と胆管ドレナージ

この時の発熱は極めて突発的であった。二十日の早朝までは何ともなかったのである。何が感染源であるのかも想像が付かない。このころ谷先生は公立松任石川中央病院に転出され（現在、病院長）、林泰寛先生（現在、富山県立中央病院）が私の主治医になっておられた。林先生の治療が功を奏して、この時は三週間ほどで退院となった。しかし、私の急性胆管炎はこれが最後ではなかった。このあと定年を迎えるまでの間に数度、急性胆管炎に陥ったのである。体力の低下による免疫力の低下が背景にあったと思われる。

この胆管炎を繰り返す中で、私の胆管吻合部は徐々に狭くなっていった。二〇一四年九月頃であったか、主治医の林先生は、一計を案じ、胆管ドレナージによって、胆管吻合部を広くする治療を施された。これは、胆管吻合部に太めのチューブを長期にわたって留置することによって、胆管吻合部を広げる手技である。一度に太いチューブを入れるわけにはいかず、徐々に太くしていくため、何度もチューブの入替が必要であった。当然体表面（右脇腹）にチューブの先端を出して、時々胆汁を抜くことが必要であり、胆汁を抜く時には、その先端に胆汁のタンクを付ける必要があった。私は、この状態で通常通りの講義を行うことに自信がもてず、ついに半年間の休職を願い出た。

この時、私の代わりに誰が授業をするのかが当然問題になり、私は非常勤講師を誰かお願いできないか、と東四柳先生に相談したところ、それはなかなか難しいことであり、現有メンバーで肩代わりして授業するとおっしゃって下さった。私はこのありがたい御申し出に、電話口で思わず嗚咽してしまった。

この長期にわたる治療は、手術による治療とはまた違ったつらさがあった。大きくみて日常生活にさほどの支障はないのであるが、時折胆汁を抜く、風呂に入る時はテープでドレーンの先端部分をしっかりガードする、常に右脇腹に違和感を感じる、といったことである。世の中にはそれくらいなんでもないような大変な方々も多くいらっしゃる。それは頭でわかっていても、いざ自分の日常となり、それまでとは違った要素を多く抱えると、ついつい自分の何ともなかった過去を考え、現状に心が折れそうになるのである。さまざまな困難をじっと我慢している人は偉い。人の強さとは、苦境をじっと辛抱できることであると、改めて思う。

◆脾腫の治療

一方で、私の体にはまだ他にも病気があった。糖尿病はその一つであるが、それ以外に、脾腫《ひしゅ》という病気があった。これは、肝硬変の悪化に伴って起きる病気である。肝臓に血液が流れにくくなると、その分他の臓器により多くの血液が廻るが、脾臓もその時多くの血液が流れることにより、大きくなり、脾腫となる。谷先生は、手術直後から超音波で移植肝のサイズとともに、脾臓のサイズを計測していた。そして、脾臓が普通の人より一・五倍の大きさがあるとしておられた。これは先生方の間では手術前から問題であったらしく、脾臓摘出という議論もあったという。

脾臓は、普段からその存在を特に意識することのない沈黙の臓器であるが、古くなった赤血球をこわして鉄分を回収するという機能がある。脾腫になると、脾臓が大きいのであるから、より多くの赤血球をこわし、貧血になるのである。そればかりか、血小板をもこわし、出血時の血液が止まりにくくなる。これは単なる切り傷なら大きな問題はないが、開腹手術のような大量の出血を伴う時、大きな問題となる。私も貧血は続いた。

そこで林先生は、放射線科と協議して、カテーテル治療によって、脾臓の動脈何本かに詰め物をして脾臓に流れる血液量を減らし、脾腫を抑える治療を施された。これは、X線透視下で、鼠径《そけい》部の動脈からカテーテルを進入させ、下大動脈から脾動脈へと進み、脾動脈の枝分かれした何本かに詰め物をするもので、これによって脾臓に流れる血液量が減少し、動脈血の来なくなった脾細胞は死滅して、自然に吸収され、脾臓が小さくなるという理屈である。

このカテーテル治療の結果については、その後超音波で脾臓のサイズを計測していないため、視覚的には確認していないが、採血検査の結果では、赤血球と血小板は増加し、貧血はまだ残っているものの、何とか問題ない領域にまで至っている。

◆肺胞出血

一方、私はまた別の病気に罹った。喘息様の軽い咳が続き、市販の風邪薬を飲んでいたが、その中で、痰の中に血液が混じっていたのである。これは問題だと思い、外科の先生から呼吸器内科の先生に話してもらい、受診した。そこでは、まず出血の原因がどこにあるのか特定しなければならない、と言われ、入院を命じられた。入院してまもなく、肺の検査が行われた。

細かくは覚えていないが、聞いたところによると、人工呼吸器を装着し、全身麻酔をした上で、肺にカメラを挿入し、肺内の様子を検査したという。その画像を見たが、肺の中で出血しており、すぐに治療が行われたという。病名は、肺胞出血と言われた。これは、起こったことをそのまま漢字で表記しただけのもののように思える。なぜ出血したのか、その要因はわからなかった。止血薬と抗生剤、栄養剤などが点滴で注射されたと思われる。一応危険領域を脱し、三週間ほどで退院した。肝胆膵・移植外科では、拒絶反応ではないかと疑ったようであるが、決定的な証拠はなく、免疫抑制剤を少し加減しただけであった。

このように、急性胆管炎に罹って以後、私の体は原因不明の病気に罹ったり、従来から問題になっていた箇所の治療を行ったりで、入退院を繰り返し、最初の急性胆管炎以降、学科長を降りてから退職するまで、本務と病気治療、そして、吉川弘文館から依頼を受けていた人物叢書『前田利長』の執筆で明け暮れた。

◆定年退職

二〇一八年三月三十一日、私は満六十五歳で金沢学院大学文学部を退職した。講堂で最終講義があり、私は、執筆中であった前田利長について話すことにし、利長の花押の変遷の政治的意味について話した。不十分な話で、あとで何人かの人からご批判を被ったが、甘受した。講義の結びに、私は古文書演習の導入部分でよく唄った自作の「古文書の歌」を披露した。卒業生たちはよく知っていたが、それ以外の人たちも多く聴講してくださったので、授業の一端を紹介するつもりで歌ったのである。

最後に無事定年を迎えられた喜びを、胸にこみ上げる感慨を抑えながら語った。というのも、これまで縷々述べてきたように、私はこれまで、生命の危機を何度も経ながら、その都度多くの人たちに助けられ、教え子から花束を受け取るという幸せを味わうことができたからである。私の父は、五十二歳で亡くなったが、五十二歳の誕生日を迎えた時、これでどうにか父親と同じ年まで生きることができたという安堵感があった。しかし、この時は、それとは比べものにならない大きな喜びであった。

その最終講義の二週間くらい後であったか、ゼミの卒業生たちが、お祝いの会を催してくれた。郡山女子大学短期大学部の講師になった卒業生はじめ、遠方から来てくれた卒業生たち、私が大学に移籍して二年目にゼミに入った卒業生たち、よく私の自宅に来て私の拙い料理をおいしいと言って食べてくれた卒業生たち、三十余人が集まってくれた。彼らの卒業論文はそれぞれテーマが多岐にわたり、一知半解の私ではとても手に負えないような広がりをもっていたが、ヒントや史料を提供することで、それぞれがテーマに向き合い、論文を仕上げていく姿を見るのは、楽しいことであった。中には、私が休職中、毎週のゼミ指導が十分できないにもかかわらず、真剣に課題に向き合い、無事卒業していった人たちもいる。指導とはいいながら、実際には教わることの方が多かったかも知れない。私の方から改めて言いたい。皆さん、ありがとう。

第六章

現在の状況

1　多病を抱えて

◆私の病気

二〇二〇年九月、私の置かれた状況は決して芳しいものではない。現在抱えている病気を列挙しよう。一つは、糖尿病、一つは気管支喘息、一つは、冠動脈硬化に伴う狭心症、それに肝臓の経過観察である。

糖尿病については、移植手術の数年前から徐々に悪化し、手術で入院してからインスリンの自己注射をするようになった。以後、血糖値は基準値より幾分高い水準で推移している。

私のこの糖尿病は、肝硬変に由来している。手術を受ける数年前に、定期健康診断で血糖値が高い、と言われた。一五〇前後あったであろうか。病院で食事療法の手ほどきを受けたが、まだ糖尿病の怖さを十分に知らない私にとっては、リアリティはほとんどなかった。しかし、今考えれば、糖の高分子が毛細血管に詰まり、血液循環を阻害し、多臓器に悪影響を与えたことは間違いないところであり、肝硬変をさらに悪化させた原因にもなっていたことだろう。自己注射は現在も続いている。

気管支喘息については、二年程前に風邪をこじらせて罹ってしまった。喘息という病気とは無縁であると勝手に思っていたが、風邪をしっかり治療しなかったばかりに、病気を一つ増やしてしまった。呼吸器内科の診察を受け、吸入するように指導された。これは比較的まじめに取り組んだが、いまだに余波が残っており、咳の出る時は吸入している。

今一つの狭心症については、私が定年を迎えた年の卒業式の会場で、式が始まるのを待ちながら座席に座っている時、急に左胸が痛くなり、その痛みが二分ほど続いたのが始まりである。痛みにじっと耐え、治まるのを待った。ここで騒ぎになったらどうしよう、と思いながら、どうしようもなく、治まるのを待っていたのである。幸い、何とか治まり、後日定期通院で主治医に相談した。循環器内科で診察を受けよという指示を受け、診察の結果、軽い狭心症だろうということであった。そこで、ニトロペン（ニトログリセリン剤）を処方されたが、あまりリアリティがなかった。しかし、その後、最初ほどではなかったが、軽い発作があり、ニトロペンを舌下に含んで治まったことがあった。考えてみると、その一年ほど前に、大学の定期検診で心電図をとった時、軽い不整脈があると指摘されていた。これは狭心症の前兆であったのかも知れない。

このように考えると、私は、これまで散々大きな病気をしていたにもかかわらず、病気に対して無頓着というか、呑気というか、自分の愚かさが恥ずかしい。これらの病気を抱えながら、この先どれだけ生きていけるのか。肝臓を提供してくれた妻や、私にご支援を下さった大勢の方々に対して、少しでも長く生きることが私の務めであるといつも自分に言い聞かせながら、実際にはそれと合致しない無頓着ぶりである。「はじめに」でも述べたように、本書はそうした自分の無頓着ぶりを叱咤し、「二十歳」を迎えて、今一度自分の人生の原点を見つめ直す営みであった。

◆妻の様子

一方、ドナーとなった妻の現状は、心臓疾患を患った以外は、至って元気である。心臓の方も、ペースメーカーが作動したことは一度もない。私は、書いた文章を校正してもらったり、史料の解読をしてもらったりで、多くの面で妻の協力を仰いでいる。その労をねぎらうべく、私は時折ケーキを買って帰ったり、ビールを買って帰ったりする。妻は特にビールが好きなのに自分で買ってくることはまずない。このビールで晩酌して、ソファーで軽く寝てから、食器の片付けものをする。

彼女とは黙契があった。「あなた（夫）作る人、私（妻）食べる人、そして片付けは私がする」。これが暗黙の了解事項である。最近では、私の体力が衰え、食事の用意全般までは準備できないが、ここ一番というメインディッシュは私が作る。

妻は六十六歳になった。派遣会社に登録し、現在金沢市立玉川図書館近世史料館で週二日勤務している。私の手伝いをしているうちに古文書の解読を覚え、古文書の整理・目録刊行の仕事を覚え、目録末尾に付ける文書選の原稿や文書の解説文も書くようになった。古文書調査にはいつも二人そろって参加している。時折、調査の進め方について意見を言い、時々私自身がしかられもする。しかし、そんな時、私はむしろ幸せな感を強くする。二人で相応に社会に貢献している気がするからである。

2　課題を追い続ける

◆課題一

こうした多病を抱えながらも、私は生きている。生きている限り、自分の課題の達成に努めたい。その課題とは何か。私は、拙いながらも日本近世史を研究する研究者である。当然研究を通して社会に貢献する、ということが課題である。研究の課題というものは、当然個々の研究者によって様々である。

私は、先にも述べたが、第一に、古文書の整理と目録の刊行によって、研究の基礎である史料の存在を把握し、多くの研究者にその材料を提供することをまず挙げたい。歴史学は、史料的根拠があって初めて成り立つ学問である。これはどの科学にも共通する。自然科学は、自然現象の把握、または実験のデータの把握を基礎として考察が行われ、それが叙述されて社会の共有財産になる。歴史学は、史料の把握があって、分析・考察が行われ、それが叙述されて社会の共有財産になる。私はそのスタートのところに対して自分なりに責任を持ちたいのである。

移植手術を受けて以後、自分なりに社会に貢献したいと思って、古文書の整理を行おうとしたのは、このような考えからである。幸い、いくつかの自治体が、古文書調査を企画し、私を含む何人かの研究者に調査を依頼し、皆さん共々私も喜々としてその事業に携わっている。こうした古文書調査と目録刊行の段取りを教えて下さったのは、石川県立図書館古文書課の嘱託であった時の課長であった田川捷一先生であった。私は、その手技をある意味でかたくなに守っているつもりである。それは、田川先生を中心に作成・刊行された『上梶家文書目録』が私の修士論文作成において大いに役に立ったからである。「上梶家文書」という質の良い古文書について、さらに効果的な解説がそのエッセンスを描いて見せ、私はそこからヒントを得てこの文書を縦横に使うことができたからである。私はこの『上梶家文書目録』によって修士論文のみならず、博士論文の核心的部分を書くことができたのである。石川県には、こうした大部の古文書や内容的に重要な古文書などの目録がかなり整備されており、それらの中から新たな成果が次々と産み出されている。

研究者はいつも何らかの問題意識を持って史料を探している。開いた文書目録の中にその問題解明に資する史料があれば、しめたと思い、早速その史料を採集して解読・分析に懸かる。そして一つの仮説を立て、改めて従来の研究を振り返り、自分の仮説が証明できたと確信した時、論文としてそれを叙述する。こうした研究の営みの、その初発のところで研究者に情報を提供することが、私の第一の課題である。

◆課題二

第二の課題は、こうした営みを続ける中で、多様なテーマで書いたものを、個々のテーマによって編集し、一書にまとめることである。私はこれまで、加賀藩政史を中心に、流通史、海運史、産業史、キリシタン史など、多様なテーマについて論文や通史を書いてきた。フィールドはほぼ加賀藩領域を中心としており、各分野ごとに一書にすることはできないが、何らかの形で実現しておきたい。引用した史料の断片でも、研究する人の役に立つことができれば満足である。

私の課題といえば、大きくこの二つに尽きるが、欲をいえば、私に第二の命を授けてくれた妻が、毎日笑って過ごせるように、努めたいと思う。多病を抱え、最近では体力がかなり落ちてきて、台所に立つのも億劫になってきたが、妻が食べたいという料理を言えば、がんばって調理に励むつもりである。人生の終末期に入って、妻が私に対してこんなハズ（husband）じゃなかったと思わなくてもすむように、精一杯努めていきたいと思う。

◆病中詠草三十首

夜更けて三十九度の熱いでぬ筋肉注射かゆくともなし
夜更けてナースセンターのチャイムなる重態患者でなければと思う
ずしずしと処置せし患部痛みいでぬ筋肉注射再び求む
引き出しの隅にしまえる箸を出しひさしびさしの五分粥を食う
食欲をそそるメニューの昼食を食べることにもちゅうちょ覚える
病床に伏して新刊書届きぬ我の名前も載るを喜ぶ
痛みありて大声あげて叫びたる人にも同じ朝は来にけり
見舞いきし友の笑顔のさわやかさ病にひがむ心いやさる
大きなる袋と笑うことなかれ命をつなぐ薬にしあれば
絶食の病床にあり妻活けしピンクのバラにほほえみ返す
病状を告げしことばの意外さにハンカチを出す妻の細指
腹水のたまりし腹に手を乗せて少し小さくなったと笑む妻

腹水の量の一進一退を一喜一憂しつつ撫でいる
我のなき家に帰りて子や母の世話をもするか風邪ひくな妻
安静の我に付き添う妻の手を取りつつ語る将来のこと
わがままに願いを語る我が声の一つ一つに応えんとする妻
食堂の開けし窓の朝焼けを好みて今日も窓辺に座る
朝焼けの光を浴びて大空をカラスの群れて北へ飛びゆく
看護師に出し学校問うてみれば我が友を師とする人なりけり
我と同じ病を得たる人のあり我より若しと聞き胸痛む
病床に読みし新聞我が友の活躍の様伝えて寂し
病床にいながらにして髪洗うお湯の熱さの心地よきかな
夢多き娘の夢をかなえんと病に向かう意志を固めり
病とは心が崩れゆくことと思わせられし妻との会話
健けき時には輝かしきことも病床にあれば色あせて見ゆ
人生とは人とは何かと大声で友と語りしころの懐かし

胃カメラに映る今にも切れそうな静脈瘤をいとおしく思う
生体肝移植しかなしむしばまれ病む我が命長らえる道
時雨降る日の病室はほの暗し沈む心の空を覆いて
皆厭うとろりとしたる薬さえ我にはうまし絶食の後

後のために、
草深き雛に落ちたる露と知る人繁き世の波に消ゆれば

おわりに

二〇一七年時の統計では、日本で肝移植手術を受けた患者は約八〇〇〇名であるという。その中で十五年以上生存している人の割合は、六〇％余りであるといわれている。この部分生体肝移植手術が始まってから三十年余りであるから、平均で毎年二〇〇例ほどの手術が行われたことになる。最近では、インターフェロン治療の成績がよくなり、C型肝炎から肝硬変に進行する人が減って、肝移植手術の数はかなり減ったようである。

その中で私たち夫婦は、どのような位置にいるのかはわからないが、第二の命を授け、授けられ、比較的幸運な部類に入っているかもしれない。第一、この二十年近くの歳月に関して手記を認め、それを妻が校正する、などということは、他にそう多くはないことだろうからである。二人で一緒に同じ仕事ができることも与かっているだろう。この本が世に出るころ、私の第二の命は満二十歳を迎えることだろう。もしこのあと、何らかの原因で肝硬変を患って、生体部分肝移植手術を受けるという方がおられれば、それは決して悪い選択ではないことが多いように、私には思われる。今の調子で何とか七十歳の大台をクリアできればいいと思っている。
最後に、本書の刊行に当たり、細部にまで目配りして下さり、編集に当たって下さった東京図書出版の皆さんに、改めて篤く御礼申し上げる。

二〇二一年四月

見瀬和雄

見瀬　和雄（みせ　かずお）

1952年４月28日石川県珠洲市に生まれる。1987年１月国立富山工業高等専門学校講師、助教授、教授を経て、2004年４月金沢学院大学教授、2018年４月同名誉教授〈現在〉。

〈著書〉

『幕藩制市場と藩財政』〈巌南堂書店、1998年〉、『利家・利長・利常 — 前田三代の人と政治 —』〈北國新聞社、2002年〉、『利家・利長・利常—前田三代の人物像と事跡—』〈北國新聞社刊の電子版〉〈22世紀アート、2019年〉、人物叢書『前田利長』〈吉川弘文館、2018年〉。この他共著多数。

生体肝移植の記憶

— わがミレニアム —

2021年５月８日　初版第１刷発行

著　　者　見瀬和雄

発 行 者　中田典昭

発 行 所　東京図書出版

発行発売　株式会社 リフレ出版

〒113-0021　東京都文京区本駒込 3-10-4

電話 (03)3823-9171　FAX 0120-41-8080

印　　刷　株式会社 ブレイン

© Kazuo Mise

ISBN978-4-86641-400-3 C0095

Printed in Japan 2021

本書のコピー、スキャン、デジタル化等の無断複製は著作権法上での例外を除き禁じられています。本書を代行業者等の第三者に依頼してスキャンやデジタル化することは、たとえ個人や家庭内での利用であっても著作権法上認められておりません。

落丁・乱丁はお取替えいたします。

ご意見、ご感想をお寄せ下さい。